Kanada Der Westen

Manfred Dederichs

Neu: Exklusive Reisetipps auf www.merian.de!

- **Gratis mehr Informationen:**
  Entdecken Sie den Premium-Bereich von www.merian.de

- **Topaktuelle Zusatznutzen:**
  Reiseberichte, Shopping, Tipps und Informationen

- **Neue Reiseziele entdecken:**
  über 5000 Destinationen weltweit

- **Einfach auf www.merian.de**
  Ihren persönlichen Zugangscode eingeben: **20045970**

Inhalt

- 4 **Kanadas Westen stellt sich vor**
  Interessantes rund um Ihr Reiseziel

- 10 **Gewusst wo ...**
  Die besten Tipps und Adressen des Landes

- 12 **Übernachten**
  Luxushotel oder Urlaub auf der Ranch?
- 14 **Essen und Trinken**
  Saftige amerikanische Hamburger und europäische Genüsse
- 18 **Einkaufen**
  Shopping Malls und indianisches Kunsthandwerk
- 20 **Feste und Events**
  Drachenparade, Schlittenhunderennen, Powwows
- 22 **Sport und Freizeit**
  Spannende Outdoor-Action rund ums Jahr
- 26 **Familientipps – Hits für Kids**
  »Whale Watching« und Geschichte zum Anfassen

MERIAN-TopTen
Höhepunkte in Kanadas Westen, die Sie unbedingt sehen sollten
⟵ Klappe vorne

MERIAN-Tipps
Tipps und Empfehlungen für Kenner und Individualisten
Klappe hinten ⟶

- 28 **Unterwegs in Kanadas Westen**
  Kompakte Beschreibungen aller wichtigen Orte und Sehenswürdigkeiten mit vielen Freizeit- und Kulturtipps

- 30 **Alberta und die Rocky Mountains**
  Spektakuläre Nationalparks – Trappernostalgie inklusive
- 50 **British Columbia und die Pazifikküste**
  Schneebedeckte Gipfel, smaragdgrüne Seen und die »Perle« Vancouver
- 70 **Yukon Territory**
  Abenteuer-Feeling im weiten Land der Mitternachtssonne

Erläuterung der Symbole

- *Für Familien mit Kindern besonders geeignet*
- *Diese Unterkünfte haben behindertengerechte Zimmer*
- *In diesen Unterkünften sind Hunde erlaubt*
- CREDIT *Alle Kreditkarten werden akzeptiert*
- *Keine Kreditkarten werden akzeptiert*

Preise für Übernachtungen im Doppelzimmer für 2 Personen, ohne Frühstück:
- ●●●● ab 150 Can$
- ●● ab 50 Can$
- ●●● ab 100 Can$
- ● ab 25 Can$

Preise für ein Menü mit Vorspeise und Dessert, ohne Getränke:
- ●●●● ab 50 Can$
- ●● ab 15 Can$
- ●●● ab 30 Can$
- ● bis 15 Can$

- 78 **Routen und Touren**
  Ausgewählte Rundreisen und Schiffstouren

- 80 **Alberta und British Columbia**
  Traumreise durch eine Bilderbuchlandschaft

- 81 **Südliches Alberta**
  Die Faszination der indianischen Kultur

- 82 **Central British Columbia**
  Ein Streifzug durch Kanadas Pionierzeiten

- 83 **Yellowhead Highway**
  Unterwegs auf den Spuren eines blonden Trappers

- 85 **Icefields Parkway**
  Eine der schönsten Panoramastraßen der Welt

- 88 **Vancouver Island**
  Trip in eine atemberaubende Urlandschaft

- 89 **Inside Passage**
  Auf dem legendären Wasserweg Richtung Norden

- 90 **Wissenswertes über Kanadas Westen**
  Praktische Hinweise und Hintergrundinformationen

- 92 **Geschichte**
  Jahreszahlen und Fakten im Überblick

- 94 **Sprachführer**
  Nie wieder sprachlos

- 96 **Essdolmetscher**
  Die wichtigsten kulinarischen Begriffe

- 98 **Kanadas Westen von A–Z**
  Nützliche Adressen und Reiseservice

- 107 Kartenatlas
- 120 Kartenregister
- 124 Orts- und Sachregister
- 128 Impressum

Karten und Pläne

Kanada	Umschlagkarte vorne
Vancouver	Umschlagkarte hinten
Calgary	37
Victoria	67
Südliches Alberta	81
Icefields Parkway	87
Inside Passage	89
Kartenatlas	107–123

Die Buchstaben-Zahlen-Kombinationen im Text verweisen auf die Planquadrate der Karten, z. B.

⇢ S. 117, F 20 Kartenatlas
⇢ S. 37, b 2 Detailkarte innen

Kanadas Westen stellt sich vor

Maligne Lake: Der von Dreitausender-Gipfeln umgebene größte Gletschersee des Landes ist eine der Hauptattraktionen der kanadischen Rocky Mountains.

Atemberaubend ist die Küste des Pazifiks, schneebedeckt sind die Gletscher der Rockies, dazu tosende Wildflüsse, kristallklare Seen und goldene Prärien – Kanadas Westen ist einzigartig!

Barry Biggar, ein waschechter Kanadier mit Stetson und kariertem Holzfällerhemd, begrüßt uns am Flughafen in Calgary, der zweitgrößten Stadt Albertas, mit seiner kehlig-whiskeyröhrenden Stimme: »Hi guys, now you've arrived in God's own country«. Er fragt uns nach unserem »schedule«, dem Programm der nächsten Tage. **Head-Smashed-In-Buffalo-Jump, Glenbow Museum, Dinosaur Trail, Kananaskis Country** – die Liste ist lang, und Barry nickt bedenklich: »Don't hurry, take it easy«.

Im Westen Kanadas schaltet man einen Gang herunter, europäische Geschäftigkeit ist abseits der wenigen Metropolen wie Vancouver, Edmonton und Calgary fehl am Platze. In Kanada wird nicht gedrängelt, man braucht vor allem eins: Zeit. Endlos lange, traumhaft schöne Strecken müssen zurückgelegt werden, um die landschaftliche Vielfalt von glasklaren reißenden Flüssen, majestätischen Bergen, pazifischer Brandung, weiten Präriren und smaragdfarbenen Seen zu entdecken.

Wenn Kanadier über die Größe ihres Landes witzeln, erzählen sie folgende Legende: Ein kanadischer Soldat, der in Deutschland bei der Rheinarmee stationiert war, sollte zurück nach Kanada und war darüber nicht glücklich. Sein neuer Standort sollte in British Columbia liegen, und beheimatet war er in Neufundland im äußersten Osten Kanadas. Obwohl nun wieder zurück in seinem Heimatland, war er jedoch weiter von zu Hause entfernt als vorher bei der Rheinarmee in Deutschland ...

»A mari usque ad mare« – von Meer zu Meer, wie es in Kanadas Wappenspruch heißt – dehnt sich das zweitgrößte Land der Erde von West nach Ost über 5500 Kilometer und von Nord nach Süd über 4600 Kilometer aus. Insgesamt ist Kanada mit seinen 10 Millionen Quadratkilometern fast dreißigmal so groß wie die Bundesrepublik. Darin verteilen sich zehn unabhängige Provinzen und zwei direkt von der Bundeshauptstadt Ottawa regierte Territorien, in denen insgesamt nicht mehr als 30 Millionen Menschen wohnen. Im Yukon Territory, immerhin anderthalbmal so groß wie die Bundesrepublik, leben nur 30 000 einsame Trapper und Inuits. Dazwischen liegen sechs verschiedene Zeitzonen und landschaftliche Extreme von Gletscher bis Tundra, von dichten Wäldern mit unzähligen Seen bis zu weiten Prärien.

Das zweitgrößte Land der Erde

Kulturelle und ethnische Vielfalt

Einheit in der Vielfalt, der Wahlspruch des amerikanischen Wappens, könnte auch Kanadas Signum sein. Kanadas Vielfalt ist sprichwörtlich, und für Europäer gibt es eine Menge zu entdecken, besonders im Westen Kanadas, in Alberta, British Columbia und im Yukon Territory. Obwohl in diesen landschaftlich vielfältigen Gebieten mit nahezu zwei Millionen Quadratkilometern nur 6,5 Millionen Menschen leben, setzt sich die Bevölkerung des Westens aus ganz unterschiedlichen Völkergruppen zusammen. Man kann mit Iren im Norden Albertas ein Guinness trinken, im Frühjahr mit Trappern das Eis in Dawson City springen hören, ein russisches Literaturfestival in Calgary besuchen, mit Indianern in Hazelton diskutieren oder den Haida bei Schnitzarbeiten auf den Queen Charlotte Islands zuschauen.

Mitten in Edmontons »achtem Weltwunder«, einer gigantischen »shopping mall«, verkauft ein junges Mädchen T-Shirts, auf denen zu lesen steht: »Welcome to the United

States – we have Johnny Cash, Bob Hope, Stevie Wonder. Welcome to Canada – we have Paul Martin – no cash, no hope, no wonder.« Das T-Shirt macht deutlich: Die Vielfalt birgt auch einige Probleme. Ein so riesiges Land ist nur schwer zu regieren. British Columbias Holzfäller dürfen nur noch wenige Bäume abholzen, und die Holzwirtschaft, eine der stärksten Industrien des Landes, liegt brach. Fischer bekamen Fangverbote für bestimmte Fische, und in Québec, Kanadas größter Provinz, möchte die regierende »Parti Québecois« aus der kanadischen Föderation aussteigen und einen eigenen Staat gründen. Beim Referendum 1995 votierte eine hauchdünne Mehrheit der Québecois gegen eine Loslösung der Provinz von Kanada.

Gold an den Flüssen Klondike und Yukon – Abertausende folgten im 19. Jahrhundert diesem Ruf und machten sich auf die gefährliche und äußerst mühevolle Wanderung in den kanadischen Norden. Auch heute noch hat eine Tour durch Kanada etwas von diesem Abenteuer, denn man begegnet auf einsamen Wegen wilden Tieren, kämpft mit Stromschnellen und scheinbar unüberwindlichen Bergketten, auch wenn heutzutage die Straßen meist asphaltiert sind und selbst in den entlegenen Gebieten Park Rangers für die Sicherheit der Besucher und die Reinhaltung der Naturlandschaft Sorge tragen.

Hunderte von Kilometern allein mit der Wildnis, ab und zu äst ein Elch im Moos, eine verfallene Baracke erinnert an vergangene Tage des Goldrauschs. Nur wenige reisen in die Einsamkeit des Yukon Territory. Sie

Yukon: Abenteuer Wildnis

lassen sich verzaubern von der unendlichen Weite, der sprichwörtlichen Ruhe und der scheinbaren Unberührtheit seiner Landschaft.

Auf Schritt und Tritt stößt man auf Überreste der Goldrauschzeit des vorletzten Jahrhunderts: verlassene Städte, einsame Hütten und restaurierte Schaufelraddampfer, die heute kurze Rundfahrten anbieten. Und wer will, kann selbst nach Gold schürfen und sogar etwas finden – leider meistens nur Katzengold.

Herrlich saubere Seen, umgeben von grünen Wäldern – Kanadas Westen ist Balsam fürs Auge und für die Seele.

Auf der Robson Street im quirligen Vancouver begegnet man Menschen vieler Nationen.

Wanderung im **Mount Robson Provincial Park**: Der 25 Kilometer lange Trail im **Valley of the Thousand Falls** führt vorbei an smaragdgrünen Seen und zahlreichen Wasserfällen; in der Ferne schimmern bläulich-weiß die Gletscher des fast 4000 Meter hohen Mount Robson. Auf einmal wird die Erde unruhig, der Boden beginnt zu dröhnen. Aus einem kleinen Wald donnern (Halb-)Wildpferde an uns vorbei, getrieben von einem Cowboy mit Stetson und einer blondmähnigen Frau in Jeans und kariertem Hemd. Man wähnt sich mitten in der Zigarettenwerbung, doch Cowboy und Cowgirl reiten ruhig weiter. Sie und die prachtvoll anzusehende Herde sind wandernde Touristen gewöhnt.

Von den Einwohnern liebevoll »B.C.«, ausgesprochen »Bießie«, abgekürzt, vereinigt British Columbia von den Rocky Mountains bis zum Pazifik sehr unterschiedliche Landschaftscharaktere. Von den Stränden der stark zerklüfteten Westküste, an denen Wale, Delfine und Lachse vorbeiziehen, über Kanadas einzige Wüste im Süden und den Ranches im Heartland bis hin zu den Gipfeln der Rockies bietet B.C. alle Möglichkeiten zur Freizeitbeschäftigung.

In **Vancouver**, dem kosmopolitischen Zentrum British Columbias, kann man an ein und demselben Tag Ski laufen, auf einer der Anlagen entlang des Pazifik Golf spielen oder einfach ganz entspannt im Sand liegen und baden.

Vancouver – eine der schönsten Städte der Welt

Die Einwohner Vancouvers setzen sich aus über hundert verschiedenen Nationalitäten zusammen. Vor allem in den unzähligen Spezialitätenrestaurants zeigt sich diese ungewöhnliche kulturelle Vielfalt.

Kanadas Westen stellt sich vor

Ski fahren im **Marmot Basin**: Ilselore Brink, Mitte 60, wartet im Dress der kanadischen Skiläufer auf uns. Seit mehr als 40 Jahren lebt die ehemalige Berlinerin in **Jasper** und versucht kleinen und großen Touristen das Skilaufen beizubringen. Yes, sie liebe »Börlin«, zurückkehren aber möchte sie nicht, never, never, höchstens, um ein paar Tage Urlaub dort zu verbringen.

Das Marmot Basin liegt in Kanadas Sunshine-Provinz **Alberta**, in dem sich die ältesten und spektakulärsten Nationalparks von **Banff** und Jasper befinden: Riesige schneebedeckte Berge, eine glasklare Luft und mehrere zehntausend Quadratkilometer unberührte Landschaft sind zur Entdeckung freigegeben. Campingplätze und ausgezeichnete Hotels dienen als Ausgangspunkt zum Wandern und Beobachten der Tierwelt, Kanufahren, Mountainbiking, Baden in den heißen Quellen oder – als letzter Schrei – »heli-hiking«: Wanderausflüge mit dem Helikopter.

Einen ganz anderen Eindruck von Alberta gewinnt man im Südosten im **Dinosaur Provincial Park**, dessen Mondlandschaft noch heute zahlreiche Funde aus den Zeiten der Dinosaurier bereithält. Das spektakulärste Ereignis ist aber die alljährlich in Calgary stattfindende »Stampede«, wenn sich Rodeoreiter aus ganz Kanada im Planwagenrennen und Lassowerfen messen.

Von Calgary ist es nur eine Autostunde bis nach Banff, wo eine der schönsten Straßen Nordamerikas beginnt: der **Icefields Parkway**. Nahezu 300 Kilometer durch scheinbar unberührte Natur: Berge, Seen, Gletscher, reißende Wasserfälle und zahlreiche Tiere. Hier an der Grenze zu British Columbia liegt der Hauptkamm der Rocky Mountains mit den Nationalparks von Yoho, Kootenay, Banff und Jasper, in denen Kanadas Natur Besuchern eine grandiose Kulisse bietet.

Langsam fahren wir die schmale Schotterstraße entlang, plötzlich raschelt es im Gebüsch. Ein dunkler Schatten streift durch Beerensträucher, hält inne und reckt neugierig seinen Kopf: ein Schwarzbär. Wir bleiben misstrauisch im Auto, beim zweiten steigen wir schon aus, bei den folgenden gehen wir – unvernünftigerweise – bereits einige Meter auf die Bären zu –, immer auf dem Sprung, um schnell ins Auto zurückzukehren.

Vorsicht: Bären – genügend Abstand halten!

Tausende von Schwarzbären und Grizzlies leben in den kanadischen Wäldern. Einen Bär zu entdecken, das gehört zu einem Urlaub in Kanada wie das Skifahren zu den Rocky Mountains in Alberta, vorbeiziehende Wale zu British Columbia und Straßen bis zum Horizont im hohen Norden.

Landschaftliche Vielfalt, wilde Tiere, strahlende Sonne und gleißender Schnee – Kanada bietet das alles. Der Kanadier Barry hat Recht: Es ist eben »God's own country«.

Eishockey ist in Kanadas Westen Nationalsport.

Gewusst wo ...

Traumhaft logieren und hervorragend speisen kann man in der Jasper Park Lodge nördlich von Jasper.

Originelle Souvenirs aufstöbern, Wale beobachten, die besten Steaks aller Zeiten genießen und erholsame Nächte in versteckten Hotels verbringen – so wird's eine unvergessliche Reise!

Übernachten

Verwöhnprogramm im Luxushotel? Reizvoll sind auch »farmstays«, Urlaub auf der Ranch.

Das berühmte Chateau Lake Louise liegt direkt am gleichnamigen See und gilt als die Perle der Rocky Mountains.

Ob an den Highways oder in abgelegenen Gletscherregionen, von der einfachen Jugendherberge bis hin zum Chateau mit Panoramablick – in Kanadas Westen lassen sich viele Übernachtungsmöglichkeiten finden, und für jeden Geldbeutel ist etwas dabei.

Wer seine Reiseroute vorher genau geplant hat, kann bereits zu Hause Übernachtungsgutscheine für bestimmte Hotelketten kaufen, etwa für die preisgünstige Best-Western-Kette oder die exklusiven Fairmont Hotels. Ohne Reservierung sollte man sich nicht scheuen, kurzfristig nach Wochenend-Tarifen zu fragen: Auch in großen, bekannten Hotels gibt man gerne Auskunft über »weekend specials«. Wer in den Sommermonaten mit dem Auto oder Zug von Hotel zu Hotel unterwegs ist, sollte sich sein Bett aber frühzeitig reservieren. Andernfalls wird er viel kostbare Zeit damit verbringen, eine passende Unterkunft für die Nacht zu suchen.

In fast jedem kanadischen Hotel gehören neben dem Telefon auch ein Radio und Fernseher zur Zimmerausstattung. Frühstück dagegen ist meist nicht im Übernachtungspreis inbegriffen, dafür muss man pro Person etwa 10 bis 15 Can$ dazurechnen. Günstiger ist es, in einem nahe gelegenen »coffee shop« zu frühstücken. In den städtischen Hotels werden außerdem Parkplatzgebühren berechnet (etwa 7 Can$ pro Nacht).

Häufig sind Motels an den stark befahrenen Straßen eine preiswerte Alternative zu den Hotels. Sie entsprechen nicht immer dem Hotelkomfort, doch für einige Nächte lässt sich auf Swimmingpool und Sauna gewiss einmal verzichten. Aber auch hier müssen Sie das Frühstück extra bezahlen.

Die englische Tradition des »bed & breakfast« ist auch in Kanada weit verbreitet, wobei diese »Hotel garni« häufig in kleineren Städten zu finden sind. Schilder vor dem Haus weisen auf diese familiäre Unterkunftsmöglichkeit hin, ansonsten kennen die »tourist offices« die Adressen. Die Übernachtung kostet pro Person etwa 25 Can$. Toiletten und Duschen werden mit anderen Gästen oder den Gastgebern geteilt.

Besonders bei Familien sind Ferien auf dem Bauernhof oder der Pferderanch sehr beliebt. Bei solchen »farmstays« oder »guest ranches« ist Familienanschluss garantiert, denn wer will, kann beim Kühemelken oder Satteln mit anpacken und im Anschluss die umliegenden Wälder und Seen auf dem Rücken eines Pferdes erkunden. Die Kosten für eine Übernachtung betragen etwa 30 Can$.

Ferien im Appartement setzen sich auch in Kanada immer mehr durch. Die Wohnungen mit Küche befinden sich meist in etwas abgelegeneren Gebieten und laden zum längeren Aufenthalt ein. Die Kosten für ein Appartement fangen in einigen Regionen bereits bei 50 Can$ pro Tag an.

Unterkünfte sind bei den einzelnen Orten im Kapitel »Unterwegs in Kanadas Westen« beschrieben.

MERIAN-Tipp

Campgrounds

Zu einem richtig »abenteuerlichen« Kanadaurlaub gehört die Fahrt mit einem Wohnmobil samt Übernachtung auf dem Campingplatz einfach dazu. In Kanada sind diese »Campgrounds« in aller Regel sehr gepflegt und weitläufig. Die privaten Plätze sind meist noch etwas besser ausgestattet, aber auch teurer (meist zwischen 15 und 30 Can$), in den staatlichen Provincial und National Parks kommt noch eine geringe Eintrittsgebühr hinzu.

Ferien auf der Pferderanch

Essen und Trinken

Mittags saftige Hamburger & Co., abends europäische Genüsse und ein guter Wein ...

Chinatown in Vancouver: Hier kauft man frisches Obst und Gemüse.

Essen und Trinken

Die vielen Einwanderer aus aller Herren Länder haben ihre Lieblingsgerichte mitgebracht: Von algerisch bis zypriotisch werden zwischen Calgary und Victoria alle Speisen zubereitet. Sie sollten aber unbedingt auch die Spezialitäten der jeweiligen Provinzen probieren: In der östlichen Prärie Albertas gibt es die besten Steaks, und die Lachse und Forellen aus den heimischen Gewässern sind eine Delikatesse.

Maritimer Einfluss

Je weiter westlich man gelangt, umso mehr wird der maritime Einfluss in der Küche deutlich: Hummer und Garnelen finden sich hier auf der Speisekarte wieder, »Surf'n Turf«, eine Kombination aus Rinderfilet (»turf«) und Hummer (»surf«), ist ein absolutes Muss für Gourmets.

Natürlich entdeckt man auch in nahezu jeder Straße ein Fastfood-Restaurant, wo aber anders als in Europa die »burgers« und »hot dogs« häufig frisch gegrillt werden. Auf die »buns« (Brötchen) kommt so ziemlich alles, was man sich wünscht: Ob Salat, Tomaten, Speck, Senf, Mayonnaise oder Ketchup, die jeweiligen Zutaten kann sich der Gast meist selbst aussuchen. Bessere Kost bieten die so genannten »delis«, Delikatessengeschäfte, die in den Einkaufsstraßen und vielen Märkten zu finden sind.

Viele Völker – viele Küchen

Auch hier kann man sich Sandwich häufig selbst zusammenstellen.

Wer es etwas feiner möchte, begibt sich abends in ein Restaurant und lässt sich von der Vielfalt der kanadischen Küche überraschen. An der Westküste gibt es hervorragende »shrimps« (Krabbengerichte), »lobster« (Hummer), »salmon« (Lachs), »halibut« (Heilbutt), »clam chowder« (Muschelsuppe) und je nach Saison

MERIAN-Tipp
2 Emerald Lake Lodge

In der Nähe von Field liegt mit dem Emerald Lake einer der schönsten Seen der kanadischen Rockies. Direkt am türkisfarbenen See ragt aus mehreren kleinen Lodges das Haupthaus der Emerald Lake Lodge heraus. Die reichhaltige Karte listet neben einem täglich wechselnden Menü alle Variationen der klassisch-kanadischen Küche auf: von Hummer über »pike« (Hecht) und »turbot« (Steinbutt) bis hin zu saftigen Steaks von Lamm, Rind, Kalb und Karibu. Dazu bietet der Sommelier eine große Auswahl an Weinen an. Reservierung erforderlich!

Tel. 2 50/3 43-63 21, Fax 2 50/ 3 43-67 24 (gebührenfrei);
www.crmr.com ●●●● ·····> S. 87, b 5

»cod« (Dorsch). Weiter östlich wird während der Jagdsaison im Herbst häufig »moose« (Karibu-Gerichte) angeboten, weiterhin kommen »pheasant« (Fasan), »duck« (Ente) und »partridge« (Rebhuhn) auf den Tisch. Wegen der strengen Jagdbeschränkungen werden diese Spezialitäten aber nur in entlegenen Lodges angeboten.

Wer Steak mag, sollte es auf jeden Fall in Alberta bestellen, denn die Provinz hat wohl neben Argentinien das beste Rindfleisch der Welt. Für den großen Hunger empfiehlt sich ein T-bone-Steak, das den ganzen Teller ausfüllt und innen entweder »rare« (blutig rot), »medium rare« (fast durchgebraten) oder »well done« (gut durchgebraten) ist. Auch weiter östlich gibt es ausgezeichnete Steaks, doch an den zahlreichen Seen sollte einmal »trout« (Forelle), »char« (Stör) oder eine sonstige Fischspezialität der dortigen Gewässer probiert werden. Zum Nachtisch bekommt man dann

Süßigkeiten mit verschiedenen Waldbeeren serviert. Wer das Glück hat, bei einem indianischen Fest oder einem Trapper eingeladen zu sein, sollte unbedingt einmal »bannock« probieren, eine Art Brotersatz aus Mehl, Fett, Salz und Wasser.

Das »breakfast« (Frühstück) ist, wie beim amerikanischen Nachbarn, reichhaltig. Süßes wird neben Deftigem serviert, »waffles with maple syrup« (Waffeln mit Ahornsirup) isst man zu den kräftigen »scrambled eggs with bacon« (Rührei mit Speck). Manche mögen lieber »eggs sunny side up« (Spiegeleier) mit »ha-

Vom Breakfast bis zum Dinner

shed browns« (eine Art Kartoffelpuffer). Dazu gibt es »juice« (Saft) und »coffee«, der allerdings den Europäer arg enttäuscht. Guten Kaffee bekommt man überall auf dem nordamerikanischen Kontinent nur beim Italiener oder in speziellen Gourmet-Cafés. Am günstigsten ist das Frühstück in den »coffee shops«; in Hotels ist es nur zu empfehlen, wenn ein Frühstücksbuffet angeboten wird.

Weniger ausgiebig ist der »lunch« (Mittagessen), häufig essen Kanadier nur ein Sandwich oder einen »burger« mit »french fries« (Pommes frites). Wer es etwas gediegener möchte, geht zum Italiener und lässt sich Pizza und Pasta servieren oder versucht einmal beim Japaner ein Sushi oder Sashimi. Überhaupt gewinnt die asiatische Küche speziell im Westen Kanadas immer mehr Freunde. Wichtig beim Lunch ist, dass es schnell geht, denn das »dinner« (Abendessen) beginnt bereits um 18 Uhr und damit für europäische Verhältnisse recht früh. Dafür lassen sich die Kanadier bei einem ausgiebigen Dinner viel Zeit. Kein Wunder, denn die besten Steaks und die frischesten Hummer und Lachse kommen hier auf den Tisch.

Auch was die Haute Cuisine angeht, hat Kanada in den vergangenen Jahren viel dazugelernt. Nicht nur in den größeren Städten, auch an abgelegenen Seen, an den Ausläufern der Gletscher und in den Skigebieten haben sich hervorragende Restaurants etabliert. Schweizer, Franzosen, Österreicher und Deutsche wanderten vor Jahren nach Kanada aus, weil die Arbeit in einem so riesigen Land mit einer derart entspannten Mentalität sehr viel angenehmer erschien. Viele Gastronomen und Küchenchefs wollen denn auch gar nicht mehr weg aus Kanada.

Gutes Essen muss jedoch nicht unbedingt teuer sein, denn häufig finden sich entlang der Highwaystrecken ebenfalls ausgezeichnete Restaurants. In den großen Städten und in den Skigebieten sind es oft die Hotels, die die beste Küche anbieten. Sollte man nicht Gast in der entsprechenden Herberge sein, empfiehlt sich hier das Gleiche wie für die Restaurants: Da dort die Küche meist zwischen 21 und 22 Uhr schließt und demzufolge jeder Tisch am Abend nur einmal besetzt wird, sollte man besonders für die »In«-Restaurants mehrere Tage im Voraus buchen.

Dresscode und Trinkgeld

Entgegen europäischen Gepflogenheiten sollte der Gast in fast allen Restaurants warten, bis ihm von Kellner ein Tisch zugewiesen wird.

Das Rauchen ist in allen Restaurants mittlerweile verboten. Man sollte sich aber nicht scheuen, den Kellner um einen bestimmten Tisch, wie beispielsweise am Panoramafenster, zu bitten. In einigen sehr guten Restaurants kann es passieren, dass man auf das fehlende Jackett und die Krawatte aufmerksam gemacht wird. Die Schilder an den Restaurants und Bemerkungen in den Restaurantführern weisen darauf hin: »casual« bedeutet legere Kleidung,

Essen und Trinken

wobei man jedoch nicht in Shorts kommen sollte, »formal« heißt mit Sakko und Krawatte.

Man wundere sich nicht, wenn man sich von Kellnern während des Essens ständig bedrängt sieht, die öfters nachfragen, ob alles »okay« oder »fine« sei. Das gehört zum Service, und die Männer und Frauen in Schwarz versprechen sich dadurch einen höheren »tip« (Trinkgeld), denn weder die sieben Prozent Mehrwertsteuer (GST) noch die Bedienung sind im Preis inbegriffen. Man sollte also dem Betrag auf der Speisekarte etwa 15 bis 20 Prozent hinzurechnen. In Kanada gehört das Trinkgeld zum guten Ton, und vom »bellhop« (Fahrstuhlwärter) bis hin zum »bell captain«, der einen an einen besonders schönen Tisch geleitet, bekommt jeder sein Trinkgeld. Daher ist es ratsam, immer ein paar Dollar Kleingeld in der Tasche zu haben. In Restaurants dagegen, wo fast ausschließlich mit Kreditkarten bezahlt wird (wer mit Bargeld eine größere Rechnung bezahlt, gilt als verdächtig), kann man das Trinkgeld auch in die dafür vorgesehene Spalte des Vordrucks eintragen.

Nach europäischem Biergeschmack sind die kanadischen Hopfenbräue alle sehr schwach. In den meisten Fällen trinken die Kanadier ein »lager« (helles Bier), das häufig noch die Aufschrift »light« trägt. Diese fast ausschließlich in Dosen abgefüllten Biere werden in Restaurants und Bars ausgeschenkt, es sei denn, man kommt zufällig in ein Pub, wo es »draught beer« bzw. »beer on tap« (Bier vom Fass) gibt, das überall ziemlich gleich schmeckt. Sogar die importierten Brauereierzeugnisse von Beck's, Budweiser und Heineken schmecken in Kanada alle gleich. Die einzigen etwas kräftigeren Biere sind »dark beer« (Dunkles) oder Bier aus »microbreweries« (Lokalbrauereien).

Im Okanagan Valley finden Kanadas Winzer ideale Weinanbaubedingungen – das spricht sich unter Kennern herum.

Kanadas Nationalgetränk ist der Canadian Whiskey, der aus Roggen hergestellt wird. Doch auch die amerikanische Variante des Martini oder anderer Cocktails und Longdrinks gewinnt in Kanada immer mehr Anhänger. Die Alkoholgesetze sind sehr streng, der Verkauf wird von Provinz zu Provinz unterschiedlich gehandhabt. Die größte Auswahl an Spirituosen bieten die »liquor stores«; im Allgemeinen sind alkoholhaltige Getränke jedoch sehr teuer.

Weinkenner finden immer mehr Gefallen an den Gewächsen des Okanagan Valley in British Columbia, wo Winzer französischer, deutscher und österreichischer Abstammung Riesling und Gewürztraminer für Weißweine und Cabernet Sauvignon für Rotweine anbauen. Allerdings brauchen die kanadischen Weinbauern noch einige Zeit, um qualitätsmäßig an die jahrhundertealten Gewächse aus Europa heranzureichen.

Restaurants sind bei den einzelnen Orten im Kapitel »Unterwegs in Kanadas Westen« beschrieben.

Einkaufen

Souvenirs findet man in spektakulären Shopping Malls oder indianischen Kunsthandwerksläden.

Lauter Unikate: Die Inuit fertigen traditionelle Schnitzereien in Handarbeit – hübsche Mitbringsel, die ihr Geld wert sind.

Einkaufen

Calgary, Edmonton, Regina, Winnipeg und Whitehorse haben ihre »shopping malls«, wobei jede Stadt versucht, die andere zu übertreffen. In den **Pacific Centres** (Georgia und Granville Street) und den **Sinclair Centres** (757 West Hastings Street) gehen die Einwohner Vancouvers nicht nur einkaufen, sondern die häufig architektonisch interessanten Gebäude dienen auch als Kommunikationszentren. Besonders beliebte Flaniermeile in British Columbias Metropole ist die Gegend um **Gastown**, in der es von Souvenirläden nur so wimmelt.

> **MERIAN-Tipp**
>
> **Shoppingerlebnis Plus 15**
>
> Fünf Meter über der Erde verlaufen Glasröhren zwischen allen Gebäuden der Innenstadt von Calgary. Die interessantesten Shopping Malls, die durch die Plus 15 erreicht werden können, sind das elegante Eaton Centre, der Toronto-Dominion-Scotia-Centre-Komplex, die hochmoderne Bankers Hall und der Palliser-Square-Komplex am Fernsehturm.
>
> ⸺⟩ S. 37, b 2

Kunst und Antiquitäten

Zwischen Restaurants und Cafés befinden sich mehrere Kunstgalerien und Antiquitätenhändler, die auch sonntags geöffnet haben. Besonders landestypische Produkte sind handgestrickte Pullover, Antiquitäten aus der Pionierzeit und einheimisches Kunsthandwerk. Wer etwas Exotisches aus Rattan, Jade oder Seide mit nach Hause bringen möchte, sollte in der **Pender Street** in Chinatown bummeln gehen.

Viele Kanadier machen einen Abstecher in die **West Edmonton Mall** (→ S. 27, 44) nach Alberta, da es dort keine Verkaufssteuern gibt. **Sear's, Eaton's** und die **Hudson Bay Company** (HBC), kurz »The Bay« genannt, sind die führenden Kaufhausketten in Kanada. In nahezu jeder Stadt findet ein Wochenmarkt statt, auf dem sich frisches Obst und Gemüse türmen. Auf den unregelmäßig stattfindenden Flohmärkten hingegen wird allerlei Trödel verkauft.

Das häufigste Mitbringsel ist jedoch **indianische Handwerkskunst**. Auf den Queen Charlotte Islands und Vancouver Island leben noch Haida-Indianer, die bekannt für ihre **Schnitzkunst** sind. Ebenfalls von hoher Qualität ist indianische **Silberschmiedekunst**, wobei einige mittlerweile recht berühmte Indianer wunderschöne Armreifen, Halsketten und Ringe mit funkelnden Steinen anfertigen. Auf den Queen Charlotte Islands kann man den Indianern bei diesen Tätigkeiten zuschauen.

Haida- und Inuitkunst

Während sich die Haidas der Holzschnitz- und Silberschmiedekunst widmen, sind die Inuit weiter nördlich im Yukon Territory berühmt für ihre Arbeiten aus »whale vertebrae« (Walwirbelknochen), »soap stone« (Speckstein) und »ivory« (Elfenbein) sowie expressive Steindrucke. Aus diesen Materialien fertigen sie kunstvolle Objekte, Gebrauchsgegenstände, Waffen und Nachbildungen von Tieren, die sie jagen und verehren. An erster Stelle steht dabei der Eisbär, aber auch Seehunde und Fische sind sehr beliebt. Diese Objekte kauft man am besten beim Künstler selbst und niemals in Souvenirläden, da dort nur Massenprodukte angeboten werden. Die besten Arbeiten fertigen die Inuit aus Cape Dorset in den Northwest Territories.

Geschäfte und Märkte sind bei den einzelnen Orten im Kapitel »Unterwegs in Kanadas Westen« beschrieben.

Feste und Events

Drachenparade, Schlittenhunderennen, »echte« Powwows – hier ist richtig was los!

Ukrainische Lebensfreude versprühen die Nachkommen der Siedler aus Osteuropa beim Pysanka Festival, das jedes Jahr im Juli farbenprächtig gefeiert wird.

Feste und Events

Im Westen Kanadas finden das ganze Jahr über zahlreiche Festivals statt. Man wird während der Reise immer wieder auf irgendein spezielles Event treffen, das zumeist als »Discovery Days« gefeiert wird. Die Kanadier sind Outdoor-Freaks und zelebrieren gerne ihre Geschichte oder ein sportliches Ereignis. Am besten orientiert man sich anhand einer lokalen Tageszeitung über ein bevorstehendes Festival, da die Termine jedes Jahr neu festgelegt werden.

Im Januar stehen die Zeichen im Westen natürlich ganz auf Wintersport. In Jasper/Alberta und im Marmot Basin werden beim **Winter Festival** Schlittschuhwettbewerbe und Schlittenhunderennen abgehalten, oder Künstler kreieren Skulpturen aus Eis. Im Mai können sich Kinder beim **Edmonton International Children's Festival** austoben und sich als Pionier beim Goldschürfen, Karaoke singen und Clown spielen versuchen. Im Juli feiern die Nachkommen der ersten ukrainischen Siedler beim **Pysanka Festival** in Vegreville ihre Traditionen.

In British Columbia finden im Januar und Februar zahlreiche Skirennen statt; im Juni stellen in Vancouver hunderte von Bildhauern, Malern, Tänzern und Sängern beim **Harrison Festival of the Arts** ihre Künste zur Schau, darunter bei zahlreichen ethnischen Veranstaltungen wie afrikanischen, karibischen und zentralamerikanischen Festivals. Im August kommen Holzfäller aus aller Welt nach Squamish zum **Days Logger Sports Festival**, um sich mit Beil und Säge in ihrer Sportart zu messen.

Januar
Dragon Parade
Das chinesische Neujahr beginnt mit einem farbenfrohen Umzug der vielen in Vancouver beheimateten Asiaten. Höhepunkt ist die fantasievolle Drachenparade in der Pender Street.
www.HelloBC.com

Februar
Yukon Sauerteig-Rendezvous
Bei Schlittenhunderennen und mit traditionellen Kostümen wollen die Einwohner des Yukon, die sich selbst oftmals »sourdoughs« (Sauerteig) nennen, in Whitehorse an den großen Goldrausch der vorletzten Jahrhundertwende erinnern.
26.–29. Februar; Tel. 8 67/6 67-21 48;
www.touryukon.com;
www.yukonrendezvous.com

Yukon Quest
Wohl das härteste Schlittenhunderennen der Welt. Die Hunde müssen innerhalb kürzester Zeit die 1600 km lange Strecke zwischen Whitehorse und Fairbanks in Alaska zurücklegen.
14. Februar; Tel. 8 67/6 68-47 11;
www.yukonquest.com

Mai
Okanagan Frühlingsfestival
Dieses Weinfest wird im gesamten Okanagan-Tal gefeiert.
April/Mai; Tel. 2 50/8 61-66 54;
www.totabc.com

Juli
Klondike Days
An die Zeit der Goldsucher erinnert dieses Fest in Edmonton.
Tel. 7 80/4 23-28 22 oder 4 71-72 10;
www.northlands.com

Vancouver International Jazz Festival
Etwa 1000 Musiker aus aller Welt spielen auf 27 Bühnen in Vancouver.
Tel. 6 04/8 72-52 00; www.coastaljazz.ca

Buffalo Days
Füße stampfen rhythmisch zum Takt von Trommeln: Bei einem authentischen »Powwow« von Albertas Ureinwohnern dabei zu sein, ist etwas Besonderes. Wer einmal in einem original Tipi übernachten oder an einer nachgestellten Büffeljagd teilnehmen möchte, besucht die Buffalo Days in Fort MacLeod.

Sport und Freizeit

Das »outdoor country« bietet zu allen Jahreszeiten Gelegenheit zu unzähligen spannenden Aktivitäten.

Der Traum für viele Skifans: die Pulverschnee-Pisten in den Rocky Mountains und Coast Mountains.

Sport und Freizeit 23

Im Winter laufen die Kanadier gerne Ski, fahren mit dem Motorschlitten oder sehen sich die Spiele der berühmten Eishockey-Teams in der **NHL (National Hockey League)** an. Im Sommer stehen andere Aktivitäten auf dem Programm: »hiking« (Wandern), »fishing« (Angeln), »mountaineering«(Bergsteigen), Golf, »canoeing« (Kanufahren), »mountainbiking« (Fahrradfahren in den Bergen) oder »whitewater rafting« (Wildwasserfahren).

Das **Baden** im kalten Wasser des Pazifiks ist nur etwas für Hartgesottene, aber ein Spaziergang an den schönen Sandstränden des Stanley Parks in Vancouver oder an der Westküste von Vancouver Island lohnt sich. In heißen Quellen, zum Beispiel im Banff National Park, kann man sich das ganze Jahr über entspannen. Petrijünger finden in den fischreichen Gewässern ihr Paradies. Für Tennisspieler gibt es in jedem größeren Hotel einen Tennisplatz, und wer zum ersten Mal einen Golfschläger in die Hand nehmen will, ist in Kanada genau richtig.

Angeln

Mit einer Angellizenz (10–30 Can$) kann man fast überall für den eigenen Verzehr Lachse, Hechte und Forellen fischen, zum Teil von einer Größe, wie sie bei uns nur selten anzutreffen ist: Forellen von 30 Pfund und Lachse von 60 Pfund sind in Kanada keine Sensation. Angelgeräte dürfen von zu Hause mitgebracht werden, die jeweiligen Lizenzen erhält man gegen eine geringe Gebühr vor Ort. In den Nationalparks ist Fischen nur mit einer Sondergenehmigung erlaubt, sie ist aber in den Parks erhältlich.

Salzwasser-Angellizenzen werden vom **Federal Department of Fisheries** ausgegeben und sind in Sportgeschäften, Kaufhäusern, Marinas und beim **Canadian Service Information Centre** erhältlich. Einige häufig in den Küstengewässern von British Columbia anzutreffende Fischarten sind »chinook salmon«, »coho salmon«, »perch«, »sockeye«, »red snapper« und »greenling«.

Eishockey

Wenn die Edmonton Oilers, die Calgary Flames oder die Vancouver Canucks, drei der berühmtesten NHL-Teams, einlaufen, dann spielen die Kanadier vor dem Fernseher oder im Stadion verrückt. Eishockey ist nach wie vor Kanadas beliebteste Zuschauersportart, dicht gefolgt von Baseball und American Football. Wer von Mitte Oktober bis April in einer der größeren Städte zu Gast ist, sollte versuchen, Tickets für ein Eishockeyspiel zu bekommen.

Hockey Canada
Olympic Saddledome ⤑ S. 37, C 3
P.O. Box 1060; Calgary, T2P 2K8

Golf

Der Golfsport hat in Kanada einen ganz anderen Stellenwert als in Europa; es gibt zahlreiche Plätze, und wer noch nie den Schläger in der Hand hatte, darf hier trotzdem sein Glück

---

MERIAN-Tipp
West Coast Trail

Als »Sahnestückchen« für geübte Wanderer gilt dieser berühmte, über 77 km lange Trail im Pacific Rim National Park. Jedes Jahr sind mehr als 4000 Besucher von Port Renfrew nach Bamfield unterwegs und erfreuen sich an vorbeiziehenden Walen, Seelöwen, Robben und den Weißkopfseeadlern. Für besonders trainierte Trekking-Fans geht der West Coast Trail weiter von Bamfield über das kleine Fischerdorf Ucluelet bis ins malerische Tofino, wo Hochseeangel- und Walbeobachtungstouren unternommen werden können.

⤑ S. 117, D/E 20

auf dem »fairway« und den »greens« versuchen. Von den Atlantikprovinzen bis zur Westküste gibt es in Kanada über 4000 Golfplätze, die zu den besten und schönsten der Welt zählen. Die meisten sind öffentlich, die »greenfee« beträgt zwischen 1 Can$ und 50 Can$ und ist somit häufig erheblich günstiger als in Europa.

Royal Canadian Golf Foundation
1333 Dorval Rd.; Oakville, Ontario L6J 4Z3

Kanu fahren
Flüsse und Seen waren in der endlosen Wildnis die einzigen offenen Wege für Indianer und Trapper. Heute kann man sich für ein paar Stunden ein Kanu mieten oder mit einem kundigen Führer tage- und wochenlang in der Wildnis Elche, Bären, Wildgänse, Seeadler und Hirsche beobachten oder Fische angeln und den eindringlichen Ruf des »loon« (Eistauchers) hören. Die beliebtesten Kanureviere sind die zahlreichen Seen im Yukon oder in BC, wie der **Bowron Lake Provincial Park** in British Columbia. Die größte Herausforderung finden Kanuten auf den namenlosen Flüssen im **Yukon Territory** oder in den **Rocky Mountains**.

Canadian Canoe Association
1600 James Naismith Dr., Gloucester, Ontario K1B 5N4

Ski fahren
Für Wintersportler ist Kanada das Nonplusultra. Zwischen Ende November und April liegt reichlich Schnee, und für Alpinskiläufer bieten die **Rocky Mountains** (Kananaskis, Lake Louise, Banff und Jasper) und die **Coast Mountains** an der Pazifikküste (Vancouver, Whistler) eine großartige Kulisse. Könner toben sich auf den Weltcup- und Olympiastrecken aus, Anfänger und Fortgeschrittene finden gut präparierte Pisten vor. Für Tiefschnee-Freaks ist **Heliskiing** in Kanada das größte Vergnügen, wenn sie von einem der vielen Drei- und Viertausender durch den Champagnerschnee wedeln.

Aeroski Reisen
Im Banngarten 5; 61273 Wehrheim/Taunus; Tel. 0 60 81/20 82, Fax 0 60 81/ 20 86; www.aeroski.com

Snowmobiling
In Kanada stören sich nur die Tiere an den Snowmobilen, Umweltschützer kämen nicht auf die Idee, das Snowmobil zu verbieten. Es macht einen Heidenspaß, mit den Motorrädern auf Kufen durch die Wälder zu rauschen und bei ein- bis mehrtägigen Touren entlegene Gebiete zu besuchen. Grundsätzlich darf man mit den 60–120 km/h schnellen Snowmobilen nur außerhalb der Nationalparks fahren. Man sollte aber eine gute Kondition haben, denn bei den buckligen Strecken kann man auf dem Gefährt nur stehen oder knien.

Sport und Freizeit

Valemount Snowmobil Tours
⸺▷ S. 118, A 21
Box 849, Valemount, BC (Kreuzung Hwy 5 und 16); Tel. 6 04/5 66-46 27

Strände

Die meisten Strände von British Columbia eignen sich wegen des ziemlich kalten Wassers kaum zum Baden. Kindersichere Strände liegen zum Beispiel am **Stanley Park** in Vancouver, oder Sie besuchen dort das wohltemperierte Meerwasserbecken am **Second Beach**.

Der schönste Strand liegt weiter außerhalb Vancouvers an der **Sunshine Coast** in Lund am Ende des Hwy 101, wo ein Wassertaxi nach **Savary Island** übersetzt. Hier teilen sich nur wenige Menschen wunderschöne Strände und baden im relativ warmen Wasser. Kälteunempfindliche Wassersportler finden genügend Gelegenheiten zum Surfing, Wellenreiten »ohne Segel«.

Canadian Walking Foundation
6625, av. Mountain Sights, Montréal H3W 2Z5

Wandern

Gut ausgeschilderte und beschriebene Trails durch die kanadische Wildnis gibt es in den **Provinz-** und **Nationalparks**. Dort sind Wanderungen von zwei Stunden bis zu mehreren Tagen möglich. Bei den jeweiligen **Park Rangers** gibt es fast immer gratis gute Wanderkarten und Auskünfte.

Einige Dinge müssen bei größeren »Backpacking-Touren«, besonders jedoch in entlegenen Gebieten, beachtet werden: sorgfältig mit Lagerfeuern umgehen (Waldbrandgefahr!), wegen der Bären am besten eine Klingel am Rucksack befestigen, vor Beginn der Wanderung jemanden über die geplante Wegstrecke informieren, Moskitomittel und warme, wetterfeste Kleidung im Gepäck mitführen.

Das traditionellste aller kanadischen Fortbewegungsmittel ist das Kanu.

Familientipps – Hits für Kids

Geschichte »live« erleben, Huskies anfeuern, Wale beobachten – so macht Urlaub Spaß!

Nur keine Panik: Orcas sind friedliche Wale! Man trifft sie vor allem an der Küste zwischen Vancouver und Vancouver Island, weil sich dort viele Lachse und Robben tummeln.

Familientipps – Hits für Kids

Ob in Hotels, Museen, Vergnügungsparks oder Zoos, Familien mit Kindern werden überall freundlich empfangen und behandelt. In Restaurants regt sich keine Bedienung auf, wenn Kinder einmal quengelig werden, in den Zoos dürfen die Kleinen die Kuscheltiere streicheln. Die meisten Museen und öffentlichen Einrichtungen verlangen für Kinder unter zwölf Jahren keinen Eintritt. In Hotels übernachten Kinder und Jugendliche kostenlos im elterlichen Zimmer; für die ganz Kleinen gibt es »cribs« (Babybetten).

Besonders beliebt – und dies nicht nur bei Kindern – sind die »living museums«, in denen Laiendarsteller sozusagen die kanadische Vorfahren zum Leben erwecken. Diese »Geschichte zum Anfassen« wird häufig in alten Festungen angeboten, was den Kindern erleichtert, sich in vergangene Zeiten zurückzuversetzen.

Aktuelle Magazine wie *Family Fun* in Vancouver oder andere wöchentliche und monatliche Zeitschriften in den Großstädten Westkanadas informieren über Familienaktivitäten.

IMAX Theater in Vancouver
····⟩ Umschlagkarte hinten, d 4

Das Kino im Canada Place präsentiert auf einer fünf Stockwerke hohen Rundum-Leinwand Kurzfilme von Abenteuern, Landschaften und aus der Raumfahrt.
201-999 Canada Place; Vancouver; Tel. 6 04/6 82-23 84; Kindervorstellungen zu wechselnden Zeiten; Eintritt 9–16 Can$; www.imax.com/vancouver

Schlittenhundefahrt in Lake Louise
····⟩ S. 118, C 22

Man sitzt wohlig warm eingehüllt auf dem Schlitten, während vorne zwölf bis 16 Huskies und Malamutes laufen. Für Hunde wie Menschen ein großes Vergnügen!
Kingmik Expeditions; Box 227, Lake Louise (unterhalb des Chateau Lake Louise); Tel. 4 03/5 22-35 25; eine halbstündige Fahrt kostet für Erwachsene 26 Can$, eine halbtägige 95 Can$

MERIAN-Tipp
5 Canada Olympic Park

Am Highway 1 kurz vor Calgary befindet sich der Canada Olympic Park, in dem in der »Hall of Fame« Multimedia-Shows, Medaillen und Kleidungsstücke an die Winterspiele von 1988 erinnern. Für Kinder ist es besonders spannend, einmal auf dem Schlitten oder in einem Bob die Rodelbahn hinunterzusausen.

88 Canada Olympic Rd. S.W. Calgary, AB T3B 5R5; Tel. 4 03/2 47-54 52; www. coda.ab.ca/COP; tgl. 9–17 Uhr; Eintritt Erwachsene 3,75, Kinder 2,75 Can$ für Hall of Fame; die große Tour mit allen Olympiaanlagen: Erwachsene 9, Kinder 5 Can$ ····⟩ S. 87, c 6

West Edmonton Mall ····⟩ S. 119, D 21

Wer mit seinen Kindern in diese Einkaufspassage geht, sollte genügend Zeit und Geld mitbringen. Ein Nachbau von Kolumbus' Schiff »Santa Maria« fährt durch die Mall, unter Wasser können Kids in einem U-Boot mitfahren und in dem großen Hallenbad zwischen 22 verschiedenen Wasserrutschen wählen.
87th Ave. – 170 St.; Edmonton; Tel. 4 03/44 4-53 00, Fax 4 03/4 44-53 35; Eintritt Erwachsene 8 Can$ (nur Schwimmbad), 29 Can$ (Vergnügungspark); www.westedmontonmall.com

Whale Watching in Victoria
····⟩ S. 117, E 20

In einem Schlauchboot geht es hinaus auf das Meer, wo plötzlich schwarzweiße Orcas, die fälschlicherweise Killerwale genannt werden, aus dem Wasser auftauchen.
5 Star Charters/Fairmont Empress Hotel Victoria; Tel. 6 04/3 86-32 53; Fahrpreis Erwachsene 50 Can$, Kinder 20 Can$

Unterwegs in Kanadas Westen

Atemberaubend schön: Der Peyto Lake nördlich von Lake Louise ändert seine Farbe mit den Jahreszeiten.

Kosmopolitische Städte und paradiesische Ruhe, bizarre Gebirge und scheinbar endlose Straßen, rauschende Wasserfälle und blaugrüne Seen – der Westen ist ein Land der Extreme.

Alberta und die Rocky Mountains

Spektakuläre Nationalparks prägen das Gesicht der Provinz – Trappernostalgie inklusive.

Wind und Wasser heißen die »Bildhauer«, die diese mystischen Felstürme – die Hoodoos in den Badlands – schufen.

Wer Kontraste liebt, findet in Alberta (66 000 qkm) riesengroße, schneebedeckte Berge, glasklare Luft und türkisgrüne Seen. Im Westen der Provinz ragen die majestätischen Rocky Mountains in den Himmel, im Osten erstrecken sich scheinbar endlose Prärien bis zum Horizont. Einen ganz anderen Eindruck von Alberta gewinnt man im Südosten, im **Dinosaur Provincial Park**, einer Mondlandschaft, die noch heute zahlreiche Funde aus grauer Vorzeit bereithält. In Albertas Norden hingegen liegen die großen Nadelwälder des kanadischen Schildes mit zahlreichen Flüssen und Seen.

Am beliebtesten jedoch sind die **Rocky Mountains**, deren Gipfel sich fast 4000 m hoch auftürmen und in denen der mächtige Columbia-Gletscher drei große Flüsse speist. Jahrhundertelang war diese ungezähmte Naturlandschaft unergründet und die Heimat zahlreicher wilder Tiere. Erst im Jahre 1880 wurde mit dem Bau der Eisenbahnlinie das Gebiet erschlossen. Bereits 1885 gründete man Kanadas ersten Nationalpark, den **Banff National Park**. Mittlerweile ist dieser weltberühmt, und sein Ruhm kommt nicht von ungefähr: Innerhalb seiner Grenzen finden sich 25 Berge, keiner niedriger als 3000 m, sowie **Lake Louise** und **Lake Moraine**, die so oft fotografierten Postkartenmotive. Der Park bietet darüber hinaus wunderschöne Wanderwege, zahlreiche Campingplätze und die beiden traditionsreichen Hotels Château Lake Louise und Banff Springs.

Campingplätze und Hotels in den Bergparks dienen als Ausgangspunkt zum Wandern und Beobachten der Tierwelt, Kanufahren oder Mountainbiking. Weitere lohnenswerte Ziele im Süden sind der **Cypress Hills Provincial Park**, der **Writing-on-Stone Provincial Park** oder der **Waterton Lakes National Park**. Im Cypress Hills Provincial Park, der bis nach Saskatchewan hineinragt, erheben sich bis zu 1400 m hohe Berge, die von der letzten Eiszeit verschont geblieben sind. Daher kommen hier Pflanzen und Tiere vor, die früher im tropischen Klima beheimatet waren und die man sonst erst wieder hunderte von Kilometern südlich in der Wüste von Arizona wiederfindet. An den Ufern der Upper, Middle und Lower Waterton Lakes im 525 qkm großen Waterton Lakes National Park im Südwesten Albertas siedelten früher die Schwarzfußindianer. Mehr als 160 km Wanderwege führen die Besucher zu unvergesslichen Aussichtspunkten inmitten der farbigen Felsen der roten Schlucht.

Banff ⤳ S. 87, b 5

Majestätische Berge, dichte Wälder, blumenübersäte Wiesen, schimmernde Gletscher, funkelnde Gebirgsflüsse und klare Seen – Banff ist mehr als nur ein Kurort. Für jährlich tausende von Besuchern ist Banff einer der schönsten Plätze der Erde. Eine Fahrt mit der **Sulphur Mountain Gondola** (Bergbahn) vermittelt am besten einen Einblick in das Naturwunder: Bei einem 360-Grad-Rundblick erstreckt sich das Panorama über die schneebedeckten Gipfel der Rocky Mountains, die dichten Nadelwälder und die türkisfarbenen Seen, während sich im Dickicht Bären, Elche und Pumas verstecken.

Das Gebiet um Banff wurde in Millionen von Jahren durch Gletscheraktivitäten abgeschliffen. Die ungeheuren, sich verschiebenden Gesteinsmassen formten sich zu den höchsten Bergen Kanadas, und der sich dabei ablagernde Gletscherschlamm gab Seen wie dem **Moraine** oder **Peyto Lake** ihre wundervolle smaragdgrüne Färbung. Der Wind und das ablaufende Gletscherschmelzwasser schließlich formten erstaunliche Gesteinsformationen wie den **Johnston Canyon**, das **Hole-in-the-Wall** und die merkwürdigen **Hoodoos** in den **Badlands**.

Wandern, Reiten, Bergsteigen und Baden in den heißen Quellen sind andere Aktivitäten, die in Banff angeboten werden, doch der Höhepunkt für viele Besucher ist im Winter das Skilaufen in der Gegend um Banff, einem der größten kanadischen Wintersportgebiete überhaupt. Die Pisten sind von November bis April absolut schneesicher. Von hier aus starten auch die für Westkanada legendären Heliski-Touren in die **Monashee Mountains**.

Hotels/andere Unterkünfte
Fairmont Banff Springs Hotel
Das erste Haus am Platz. Als die Canadian Pacific ihre Eisenbahnschienen hierher verlegte, wurde die schottischen Schlössern nachempfundene Anlage gleichzeitig als Kurhotel mitgebaut. Das Hotel ist auch heute noch eine Attraktion, allein der Golfplatz ist einen Spaziergang wert.
405 Spray Ave.; Tel. 403/762-2211, 1-800-441-1414 (gebührenfrei), Fax 762-5755; www.fairmont.com; 770 Zimmer ●●●● CREDIT

Tunnel Mountain Resort
1976 gebaute Anlage, nur wenige Minuten von der Stadt entfernt. Mit Schwimmbad, Jacuzzi und Sauna, alle Zimmer haben Küche, Wohnzimmer, Kamin und TV.
Tunnel Mountain Drive; Tel. 403/762-4515, 1-800-661-1859 (gebührenfrei), Fax 762-5183; www.tunnelmountain.com; 95 Zimmer ●●● CREDIT

Homestead Inn
Kleines Hotel, nur wenige Minuten vom Stadtzentrum entfernt. Mit Restaurant und Bar, Zimmer mit TV.
217 Lynx St.; Tel. 403/762-4471, 1-800-661-1021 (gebührenfrei), Fax 762-8877; www.homesteadinnbanff.com; 27 Zimmer ●● AmEx MASTER VISA

Sehenswertes
Bow Falls
Auf der linken Seite der Spray Avenue verwandelt sich der turbulente Bow River über diese ungewöhnlichen Wasserfälle in einen ruhigen Fluss. Zur Schneeschmelze rauscht er über die Kalksteinklippen in Richtung der Stadtmitte von Banff, wo sich die turbulenten Strömungen beruhigen.

Museen
Banff Park Museum
Elchen begegnet man auf den Straßen um Banff ständig, doch wer keine Adler, Bären, Pumas oder Bergschafe sieht, kann sie ausgestopft in diesem Museum finden.
93 Banff Ave.; www.pc.gc.ca; Mo–Sa 10–18 Uhr; Eintritt frei

Buffalo Nations
Die Ausstellung zeigt die Lebensweise der hiesigen nomadisierenden Indianer – Blackfoot und Sarcee –, als sie noch den Büffelherden folgten, ständig ihre Wigwams verlegten und ihr gesamtes Hab und Gut auf Schlitten transportierten. Besucher erwartet eine Kultur, die reich war an Zeremonien, Legenden, Tänzen und Gesängen.
1 Birch Ave.; Tel. 403/762-2388; 15. Mai–15. Okt. 9–21, im Winter Mi–So 13–17 Uhr; Eintritt Erwachsene 2 Can$, Kinder 0,50 Can$

Natural History Museum
Das Museum im Obergeschoss der Clock Tower Village Mall gibt Aufschluss über die geologischen und mineralogischen Prozesse, die sich in der Gegend von Banff vollzogen. Auch aus der Fauna gibt es Interessantes zu entdecken
112 Banff Ave.; Tel. 403/762-4652; tgl. 10–20 (im Sommer), sonst 10–18 Uhr; Eintritt Erwachsene 2 Can$, Kinder 1 Can$

Ein »golden ground squirrel«, ein nordamerikanisches Streifenhörnchen. Man trifft das putzige Tier häufig am Wegesrand an.

Essen und Trinken

Le Beaujolais
Eine der besten Adressen in den Rocky Mountains. Die Schweizer Albert und Esther Moser aus Arosa betreiben seit vielen Jahren dieses sehr beliebte Restaurant, in dem sich die Gäste wegen der schönen Aussicht besonders gerne einen Fensterplatz ergattern. Spezialitäten sind das Kalbfleisch mit Morcheln, das Chateaubriand, der frische Hummer und die Scampi. Darüber hinaus verfügt das Le Beaujolais wohl über einen der besten Weinkeller von Kanada: Hiesige Weine werden ebenso angeboten wie europäische.
Ecke Banff Ave./Buffalo St.; Tel. 4 03/7 62-27 12, Fax 7 62-83 74; tgl. nur abends geöffnet, Reservierung dringend erforderlich ●●●● CREDIT

Sukiyaki House
Sukiyaki, Tempura, leicht panierte, frittierte Krabben, Gemüse und Sushi sind die Spezialitäten dieses beliebten japanischen Restaurants. Mittags setzt man sich an die Sushibar.
211 Banff Ave. (Park Ave. Mail, 2. Etage); Tel. 4 03/7 62-20 02; im Winter nur abends geöffnet ●● CREDIT

Einkaufen

Shop im Buffalo Nations
Souvenirs aus ganz Kanada: Inuit-kunst und indianisches Kunsthandwerk, Bücher, Kataloge und ausgefallener Schmuck.
1 Birch Ave.; tgl. 10–18 Uhr

Spirit of Christmas 👪
Ein ganzjähriges Weihnachtswunderland: Kanadas größter Christmas Shop hat handgefertigte Ornamente, Nussknacker, Disney-Figuren und Krippenspiele aus aller Welt im Sortiment.
133 Banff Ave.; tgl. 10–18 Uhr

Am Abend

Tommy's Nightclub
Zuerst werden Pasta und Steaks gegessen, ab 22 Uhr gibt's Tanz und Musik mit Live-Auftritten.
209 Banff Ave.; Tel. 7 62-58 99; tgl. bis 2 Uhr

Service

Auskunft
Chamber of Commerce
335 Beaver St.; Tel. 4 03/7 62-37 77

Ziele in der Umgebung

Hole-in-the-Wall
⇢ S. 87, b 5

Interessante Gesteinsformationen. Abfließendes Schmelzwasser, das früher das gesamte **Bow-Tal** bedeckte, formte die Höhle in der Wand des **Mount Cory**.
11 km westl. von Banff

Hoodoos
⇢ S. 87, b 5

Wind und Wasser schufen diese eigentümlichen Steinobelisken am **Tunnel Mountain Drive**. Von hier aus bietet

sich dem Besucher eine herrliche Aussicht auf den Bow River.
4 km von Banff

Johnston Canyon
···▷ S. 87, b 5

Im Canyon sprudeln sechs Quellen, die wegen ihrer blaugrünen Färbung den Namen **inkpots** (Tintenfässer) erhielten. Treibsand und Schlamm ergeben die ungewöhnliche Färbung.
26 km westl. von Banff auf Hwy 1A

Lake Minnewanka
···▷ S. 87, b 5

Der größte See im Banff National Park wird in der Sprache der Indianer »Teufelssee« genannt. Mehrfach wurde sein Wasser gestaut, um die Region mit Strom zu versorgen. Der Wasserspiegel erhöhte sich um ca. 30 m. Eine Feriensiedlung und Wälder wurden überschwemmt, darunter auch der alte Trail, auf dem Pastor Rundle 1841 die Gegend erforschte.

Im Sommer fährt ein Glasbodenboot auf dem Minnewanka zum Devil's Gap, der »Teufelskluft«, von der man eine spektakuläre Aussicht auf die Bergkette hat. Der einzige See im Nationalpark, auf dem Motorboote fahren dürfen, ist auch bei Anglern, Seglern und Fotografen beliebt.
11 km nordöstl. von Banff

Sunshine Meadows
···▷ S. 87, b 5

Wo sich Sunshine Road und Highway 1 kreuzen, erreicht man nach wenigen Kilometern die Talstation der längsten Seilbahn der Rocky Mountains. Nach 5 km Bahnfahrt gelangt man aufs Plateau der Sunshine Meadows, von dem man einen herrlichen Rundblick über die Bergwelt genießt. Ein Höhenwanderweg führt zum Rock Isle Lake. Ein unvergesslicher Tagesausflug!
9 km westl. von Banff

Tunnel Mountain
···▷ S. 87, b 5

Der nur 308 m über Banff gelegene Berg gilt als das Wahrzeichen der

Vogelbeobachter kommen im Gebiet rund um die Vermilion Lakes voll auf ihre Kosten.

Stadt und stellt die angenehmere Alternative zum Aufstieg auf den Sulphur Mountain dar, wo allerdings auch eine Seilbahn den Besucher schnell hinaufbringt.

Upper Hot Springs Pool
⇢ S. 87, b 5

Im Winter können Sie im Freien in 29 Grad warmem Wasser, das von den Schwefelquellen aufgeheizt wird, baden. Aber auch im Sommer wirkt ein Bad in den heißen Quellen wohltuend.
3 km außerhalb von Banff an der Tunnel Mountain Ave.; Tel. 4 03/7 62-15 15 (unterschiedliche Öffnungszeiten); Eintritt Erwachsene 7 Can$, Kinder 6 Can$

Vermilion Lakes
⇢ S. 87, b 5

Die drei Seen, entstanden durch Überschwemmungen des Bow River, erfreuen heute besonders Ornithologen, die Adler (Fischadler und Weißkopfseeadler kommen hier vor) und Gänse beobachten wollen. Aber auch Biber und Elche halten sich hier auf.
11 km außerhalb von Banff

Calgary
⇢ S. 119, D 22

820 000 Einwohner
Stadtplan → S. 37

Inmitten feinen Weidelandes und nicht weit von den Rocky Mountains entfernt, zeigt sich Calgary von zwei Seiten: einerseits »Stampede City«, die schnell gewachsene Stadt des Ölbooms und der umliegenden Ranches mit dem höchsten Pro-Kopf-Einkommen in Kanada, andererseits die kosmopolitische Großstadt mit vielen kulturellen Veranstaltungen. Den »Wilden Westen« kann man hautnah im Heritage Park, einer echten Wildweststadt, oder bei einer der zahlreichen Rodeoveranstaltungen erleben. Seit der Winterolympiade 1988 verfügt die Stadt über moderne Sportanlagen und ein eigenes Skigebiet mit drei Sprungschanzen.

Für nicht allzu raues Klima sorgt der häufig von den Bergen einfallende Chinook, ein warmer Wüstenwind, der die Stadt innerhalb eines Tages Temperaturschwankungen von 25 Grad aussetzen kann. Deshalb nutzen die Einwohner den im Winter viele Freiluftaktivitäten, die Calgary bietet: Beim Winterfestival im Februar werden auf der Prinzeninsel Eisfiguren geschnitzt, oder man amüsiert sich bei Hundeschlittenrennen, Curling oder Eisschnelllauf. An den langen Sonnentagen des Sommers kann man auf den parkumsäumten Radwegen des **Bow River** Radtouren unternehmen, auf einem der zahlreichen kostenlosen Tennisplätze spielen und auf dem **Glenmore Reservoir** segeln und paddeln.

HOTELS/ANDERE UNTERKÜNFTE
Fairmont Palliser ⇢ S. 37, b 2

In der Nähe des Fernsehturms und der Plus-15-Glasröhren (→ MERIAN-Tipp, S. 19) liegt das beste Hotel Calgarys. Eine riesige Lobby und weiträumige Zimmer erwarten den Gast, der in diesem Hotel alle Annehmlichkeiten findet, die man sich von einem First-Class-Hotel wünscht.
133-9th Ave. S.W.; Tel. 4 03/2 62-12 34, 1-8 00-4 41-14 14 (gebührenfrei), Fax 2 60-12 07; www.fairmont.com; 405 Zimmer
●●●●

Best Western Village Park Inn
⇢ S. 37, nordwestl. a 2

Preisgünstiges Motor Hotel, 5 Min. von der Innenstadt und 20 Min. vom Flughafen entfernt. Das Hotel am Hwy 1 bietet eine kostenlose Tiefgarage, Hallenbad und Whirlpool.
1804 Crowchild Trail N.W.; Tel. 4 03/2 89-02 41, Tel. 1-8 88-7 74-77 16 (gebührenfrei); www.villageparkinn.com; 160 Zimmer ●●

Alberta und die Rocky Mountains

Bed & Breakfast Agency of Alberta
⟶ S. 37, nordöstl. b 1

Die Vereinigung vertritt viele Bed & Breakfast-Pensionen in Alberta. Täglich von 9 bis 21 Uhr kann man zum Nulltarif bei der Agentur anrufen und eine Pension buchen.

410 19th Ave. NE., Calgary T2E 1P3; Tel. 1-8 00-4 25-81 60 (gebührenfrei), Fax 4 03/5 43-39 01; E-Mail: altabb@shaw.wave.ca

SEHENSWERTES

Calgary Science Centre
⟶ S. 37, westl. a 2

Zahlreiche Projektoren sorgen mit Spezialeffekten dafür, dass der Kosmos Aufsehen erregend echt erscheint. Das Planetarium hat 243 Sitzplätze und erleuchtet zuweilen Calgarys Himmel mit einer spektakulären Lasershow. Außerdem bietet das Wissenschaftszentrum mit aufwendigen Shows, interessanten (Sonder-)Ausstellungen und Technik zum Anfassen besonders für Kinder einen verständlichen Einblick in eine schwierige Materie.

701-11th St. S.W.; www.calgeryscience.ca; unterschiedliche Öffnungszeiten erfragen unter Tel. 4 03/2 21-37 00; Eintritt Erwachsene 9 Can$, Kinder 6 Can$

Calgary Tower
⟶ S. 37, b 2

Vom 190 m hohen Turm, der in nur 24 Tagen fertig gestellt wurde, bietet sich dem Calgary-Besucher ein herrlicher Panoramablick über die Stadt und auf die Prärie. Zu besonderen Anlässen wird auf der Turmspitze die olympische Flamme noch einmal entzündet.

101-9th Ave. S.W.; Tel. 4 03/2 66-71 71; www.calgarytower.com; 1. Okt.–12. Mai 8–11.00, 13. Mai–1. Okt. 7.30–24 Uhr; Eintritt 3,75 Can$

Calgary Zoo
⟶ S. 37, östl. c 1

Im prähistorischen Park stehen lebensgroße Repliken der Dinosaurier, ansonsten beheimatet der Zoo vom Tiger bis zum Kolibri über 1200 teilweise vom Aussterben bedrohte Tiere. Ein botanischer Garten und ein Vogelhaus runden das Angebot in einem der größten kanadischen Zoos ab, der direkt von der Straßenbahn (LRT) angefahren wird.

1300 Zoo Rd. N.E.; Tel. 4 03/2 32-93 00; www.calgaryzoo.ab.ca; tgl. 9 Uhr bis Eintritt der Dämmerung; Mai–Sept. Erwachsene 9,50 Can$, Kinder 4,75 Can$, Okt.–April Erwachsene 9–13 Can$, Kinder 4,50–6,50 Can$

Wenn die Calgary Flames spielen, ist der Saddledome bis auf den letzten Platz besetzt.

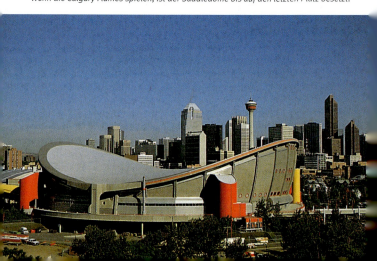

Calgary

Devonian Gardens ⇢ S. 37, b 2
Im obersten Stockwerk unter dem Glasdach der **Toronto Dominion Shopping Mall** liegt dieser sehenswerte Garten mit 20 000 subtropischen Pflanzen, Mini-Wasserfall und angelegten Teichen.
Toronto Dominion Sq. (zwischen 2nd und 3rd St. S.W.); tgl. 9–21 Uhr; Eintritt frei

Fort Calgary ⇢ S. 37, östl. c 2
1875 gründete die North West Mounted Police am Bow River das Fort MacLeod (→ S. 40), aus dem das heutige Calgary entstand. Anlass der Gründung waren Auseinandersetzungen zwischen Siedlern und den hier ansässigen Blackfoot-Indianern. In originalgetreuer Umgebung sind Ausrüstungsstücke zu besichtigen.
7590-9th Ave. S.E.; Tel. 4 03/2 90-18 75; www.fortcalgery.com; Mai–Sept. tgl. 10–18 Uhr; Eintritt Erwachsene 6,50 Can$, Kinder 3,50 Can$

Saddledome ⇢ S. 37, c 3
Das Dach des Saddledomes ist ein von weitem erkennbares Wahrzeichen der Stadt. Zur Erinnerung an die Cowboy-Tradition besteht es aus einem riesigen, stählernen Sattel, der lediglich von Stahlseilen gehalten wird. Im Saddledome finden zahlreiche Veranstaltungen statt, u. a. tragen hier die Calgary Flames ihre Heimspiele in der National Hockey League aus.
555 Saddledome Rise SE; Tel. 7 77-21 77; www.calgaryflames.com

Museen

Glenbow Museum ⇢ S. 37, c 2
Das Museum hat sich auf die Darstellung der Geschichte des Menschen spezialisiert. Besonderer Schwerpunkt: die Entwicklung Albertas und der Einfluss der Ojibway-, Cree- und Blackfoot-Indianer auf die Kunst und

Kultur dieser Provinz. Bedeutendste anthropologische Sammlung Kanadas auf drei Etagen.
130-9th Ave. S.E.; Tel. 4 03/2 68-41 00; www.glenbow.com; tgl. Mo–So 9–17, Di 9–21 Uhr; Eintritt Erwachsene 12 Can$, Kinder bis 6 Jahre frei

Heritage Park ···→ S. 37, südwestl. c 3
Das Freilichtmuseum am Glenmore Reservoir hat die Uhren ganz auf die Zeiten des Pionierdaseins zurückgedreht. Besucher können durch Straßen schlendern, an denen originalgetreu errichtete Häuser stehen, auf einem Schaufelraddampfer mitfahren oder in einer Bäckerei Brot essen, das wie vor 100 Jahren zubereitet wird.
1900 Heritage Dr. S.W.; Tel. 4 03/2 68-85 00; www.heritagepark.ab.ca; 21.5.–5.9. tgl. 9–17, 10.9.–10.10. Sa, So 9–17 Uhr; Eintritt Erwachsene 13 Can$ (mit Reiten 22 Can$), Kinder 8 Can$ (mit Reiten 17 Can$)

Sarcee People's Museum
···→ S. 37, südwestl. c 3
Das Museum in der Nähe des Reservats der Sarcee-Indianer ist ein Tribut an die Geschichte dieses Stammes. In einem großen Wigwam lernen Besucher Gegenstände des täglichen Stammeslebens kennen.
3700 Anderson Rd. S.W.; Mo–Fr 8–16 Uhr; Eintritt frei

Essen und Trinken
J. R. Houston's
···→ S. 37, südwestl. c 3
Mit den Ewings aus der TV-Serie »Dallas« hat dieses Restaurant nichts zu tun, denn in Alberta ist man bessere Steaks als auf der Southfork Ranch in Texas. In dem holzgetäfelten Restaurant wird später am Abend häufig getanzt.
7104 MacLeod Tr. S.; Tel. 2 52-22 60; tgl. ab Mittag geöffnet ●● CREDIT

The King & I ···→ S. 37, a/b 3
Bei leichter Jazzmusik werden in dem thailändischen Restaurant Kokos-nusscurries mit exotischen Gewürzen serviert. Spezialitäten: »rock & roll clams« (Muscheln) in Weißwein und Mallacasauce oder »Pad Kai Long Song«, Hühnerfilet in pikanter Erdnusssauce auf Spinat.
822-11th Ave. S.W.; Tel. 2 64-72 41; tgl. ab 16.30 Uhr, Mo–Fr auch mittags ●●
CREDIT

Einkaufen
In den **Plus 15** (→ MERIAN-Tipp, S. 19) lassen sich diverse Einkaufszentren trockenen Fußes erreichen: die Läden im **Toronto-Dominion-/Scotia-Centre-Komplex**, die hochmoderne **Bankers Hall**, das elegante **Eaton Centre** oder der **Palliser-Square-Komplex** am Fernsehturm.
Weitere Einkaufsparadiese: Nördlich der 10th Street Bridge liegt das Künstlerviertel von Kensington, in der 16th Ave. im Südwesten gehen Modebewusste im **Mount Royal Village** shoppen.

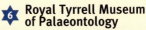

MERIAN-Tipp
6 Royal Tyrrell Museum of Palaeontology

Vor 75 Mio. Jahren besiedelten Dinosaurier die Badlands, ein wüstenähnliches Gebiet südlich von Calgary. Eine Rundfahrt auf dem **Dinosaurier Trail** folgt den Fußspuren der gigantischen Tiere. Besuchen Sie die weltweit größte Ausstellung über Dinosaurier im Royal Tyrrell Museum für Paläontologie (6 km nordwestl. von Drumheller; Mai–Sept. tgl. 9–21, Okt.–April Di–So 10–17 Uhr; Eintritt Erwachsene 10, Kinder 5 Can$) oder den Prähistorischen Park mit lebensgroßen Modellen. Fahren Sie von Calgary auf dem Highway 1 nach Osten und biegen Sie nach 30 km auf den Highway 9 nach Norden ab.

Tel. 4 03/8 23-77 07;
www.tyrrellmuseum.com

···→ S. 119, E 22

Im Royal Tyrrell Museum of Palaeontology wird Kanadas früheste Geschichte lebendig.

Am Abend

The Banke ⸺⟶ S. 37, b 2
Moderne Tanzmusik für die Altersgruppe zwischen 25 und 40.
125-8th Ave. S.W.; Tel. 4 03/2 33-22 65

Longhorn Dance Hall
⸺⟶ S. 37, südwestl. c 3
Hier wird ausschließlich Country- und Westernmusik gespielt.
9631 MacLeod Tr. S.; Tel. 4 03/2 58-05 28

Service

Auskunft ⸺⟶ S. 37, c 2
Convention & Visitors Bureau
237-8th Ave. S.E.; Tel. 4 03/2 63-85 10

Ziele in der Umgebung

Calaway Park 👫 ⸺⟶ S. 87, c 6

Attraktionen dieses populären Vergnügungsparks sind unter anderem eine über 180 Grad ausgedehnte Kinoleinwand, ein Irrgarten, ein See, in dem bestimmt jeder eine Forelle fängt, und der berühmte Pebble Beach Golfkurs als Miniaturanlage.
Hwy 1, 10 km westl. von Calgary;
17. Mai–22. Juni Sa und So 10–18, 23. Juni–
1. Sept. tgl. 10–18, 6. Sept.–13. Okt. Sa und So 10–18 Uhr; Eintritt je nach Attraktion 8 bis 17,50 Can$

Drumheller 👫 ⸺⟶ S. 119, E 22

Nordöstlich von Calgary haben die Flüsse tiefe Täler in die scheinbar endlose Prärie eingegraben. Diese »Badlands« genannte Region war bis vor wenigen Jahren Fundort zahlreicher Fossilien. Vor etwa 75 Mio. Jahren lebten hier Saurier mit Entenschnäbeln und Schwimmhäuten am Rande eines urzeitlichen Meeres. Zahlreiche Abdrücke und Knochen wurden in der Gegend von Drumheller gefunden. Das **Royal Tyrrell Museum of Palaeontology** hat eine der besten Sammlungen von Dinosaurierfossilien und gibt faszinierende Einblicke in 350 Mio. Jahre Erdgeschichte (→ MERIAN-Tipp, S. 38). Nach dem

Besuch des Museums kann man dem 54 km langen **Dinosaur Trail** entlang dem Red Deer durch die stark erodierenden Badlands folgen. Eine andere Strecke, der Highway 10, führt zu den **Hoodoos** westlich von East Coulee – Felstürmen, die durch Erosion ihre eigenartige Form erhalten haben. Nach Drumheller gelangt man von Calgary auf dem Highway 1 Richtung Osten, nach 30 km auf den Highway 9 Richtung Norden.
100 km von Calgary

Fort MacLeod ---> S. 119, E 23

Das einstige westliche Hauptquartier der Northwest Mounted Police sollte den Alkoholschmuggel von den USA nach Kanada eindämmen. Heute kann man sich über die Geschichte der Siedler und Indianer informieren.
164 km südl. von Calgary; 219–25. St; Tel. 4 03/5 53-47 03; www. nwmp-museum. com; tgl. 9–20 (im Sommer), sonst 9–17 Uhr; Eintritt Erwachsene 5 Can$, Kinder 2,50 Can$

Head-Smashed-In Buffalo-Jump ---> S. 119, D 23

Während in südlicheren Gefilden die Indianer den Büffel mit Pfeil und Bogen erlegten, trieben die Peigan-Indianer ihre Büffelherden über die Klippen dieses Abhangs. Der Name des Ortes rührt daher, dass ein kleiner Junge von den herabfallenden Büffeln erschlagen wurde.
170 km südl. von Calgary; Eintritt frei

Kananaskis Country
---> S. 87, b/c 6

Albertas neuestes Erholungsgebiet hat immer Saison. Im Sommer kommen Wanderer und Bergsteiger hierher, seit einigen Jahren zunehmend auch Golfer, die hier auf einem der

Die Traditionen der Peigan-Indianer stehen unter UNESCO-Schutz.

spektakulärsten Plätze im westlichen Kanada die Schläger schwingen können. An Winterwochenenden wedeln Skifahrer, die – nur eine Stunde von Calgary entfernt – die Einsamkeit der Pisten suchen, die Hänge hinab.
Kananaskis Village, eine Autostunde westl. von Calgary, Hwy 1

HOTELS/ANDERE UNTERKÜNFTE
Delta Lodge at Kananaskis
Luxuslodge inmitten des Skigebiets. Im Sommer lädt ein traumhafter Golfplatz zum Putten ein, im Winter wedelt man die Pisten hinunter.
Kananaskis Village, P.O. Box 249; Tel. 4 03/5 91-77 11, 1-8 66-4 32-43 22 (gebührenfrei), Fax 5 91-77 70; www.deltalodgeatkananaskis.ca; 321 Zimmer ●●●● CREDIT

Waterton Lakes National Park ---> S. 119, D 24

Mit Ausgangspunkt Fort MacLeod im südlichen Alberta bildet dieser Park

Drumheller – Edmonton 41

mit dem **Glacier National Park** in Montana einen der interessantesten Nationalparks in Nordamerika. Vorsicht vor Bären, vor allem Grizzlies, die mit 800 Tieren zum größten Grizzly-Vorkommen in ganz Nordamerika zählen! In der Sommerzeit sollten Sie in den Orten nachfragen, wann Rodeos und Powwows stattfinden.
300 km von Calgary

Edmonton ⤳ S. 119, D 21
628 000 Einwohner

Aus der Goldgräberstadt aus der Zeit der Klondike Days ist eine moderne, kosmopolitische City geworden, die durch das schwarze Gold immer noch reicher wird. Albertas wohlhabende Hauptstadt Edmonton an den Ufern des North Saskatchewan River ist Kanadas fünftgrößte Stadt und ein quirliges Zentrum des kanadischen Westens. In der Provinzmitte und nur drei Stunden östlich der Rockies gelegen, ist Edmonton nach allen Seiten hin von Seen und goldener Prärie umgeben. Der Name der Stadt rührt von dem bereits 1795 von der **Hudson Bay Company** 30 km flussabwärts errichteten Fort.

In Edmonton und Umgebung gibt es zahlreiche historische Stätten, wie etwa das Regierungsgebäude von Alberta, das **Rutherford House** und den ausgedehnten **Fort Edmonton Park**: Hier können Sie sich über Forts, Pelzhändler, Indianer, Ölförderung, Kohle- und Goldminen informieren.

Die ganze farbenprächtige Geschichte des Goldrauschs, der in dieser Stadt eine besondere Rolle spielte, wird alljährlich im Juli bei den **Klondike Days** wieder lebendig. Die Erdöl- und Erdgasmetropole Westkanadas verfügt über zahlreiche Parks inmitten des Stadtgebiets und längs des **North Saskatchewan River**, in denen Sie im Sommer herrlich spazieren gehen können. Sollte es dann einmal regnen, bietet die **West Edmonton Mall**, wahrlich ein Einkaufszentrum der Superlative, tagelang Beschäftigungsmöglichkeiten. Und im Winter sollten Sie ein Spiel der **Edmonton Oilers** nicht verpassen.

Hotels/andere Unterkünfte
Fairmont Hotel Macdonald
Ex-Canadian-Pacific-Hotel; Squashplätze, Sauna, Schwimmbad. Von der Terrasse schauen Sie auf die Glaspyramiden des Muttart Conservatory.
10065-100th St.; Tel. 7 80/42 4-51 81, 1-8 00-4 41-141 4 (gebührenfrei), Fax 4 29-64 81; www.fairmont.com;
198 Zimmer ●●●● CREDIT ♿ 🐾

Tower on the Park Hotel
Gut ausgestattetes Apartmenthotel mit Restaurant. Frühstück und Garage sind gratis.
9715-110th St.; Tel. 7 80/4 88-16 26, 1-8 00-7 20-21 79 (gebührenfrei), Fax 4 88-06 59; www.Toweronthepark.com;
98 Zimmer ●● AmEx MASTER VISA ♿ 🐾

Alberta Express Reservation (BBAGE)
Agentur, die sowohl Farm- und Ranchaufenthalte als auch B-&-B-Pensionen vermittelt.

Im Waterton Lakes National Park sind Grizzlies keine Seltenheit.

3004 Galloway Terrace ; Tel. 7 80/4 64-
35 15, 1-8 00-8 84-88 03 (gebührenfrei),
Fax 4 17-08 60 ● ✉

SEHENSWERTES
Edmonton Space & Science Centre
Das Planetarium verfügt über mehrere Teleskope. Im IMAX-Theater werden faszinierende Aufnahmen aus der Galaxis gezeigt, und das Wissenschaftszentrum Nova Centre gibt Einblicke in den heutigen Stand der Astrologie und Astronomie.
11211-142nd St.; Tel. 7 80/4 51-33 44;
Eintritt zwischen 5 und 10 Can$

Fort Edmonton Park
Das »living museum« führt zurück in die Zeit des Pelzhandels, zum Leben der Pioniere und Indianer. Im rekonstruierten Fort Edmonton und dem Pelzhandelsposten spiegeln verschiedene Straßen, auf denen Postkutschen und Planwagen fahren, die Geschichte Edmontons wider. Darsteller erklären und demonstrieren vergangene Lebensweisen.
S.W. Quesnell Bridge/Foxe Dr.; Tel. 7 80/
4 96-87 87; 18. Mai–1. Sept. tgl. 10–18
Uhr; Eintritt Erwachsene 6,75 Can$, Kinder 3,25 Can$ (Dampfzug und Straßenbahn enthalten)

MUSEEN
Alberta Railway Museum
Das »Museum als Bahnhof« beherbergt eine große Sammlung an Eisenbahnausrüstungen, Dampflokomotiven und Frachtwaggons.
24215-34th St. N.W.; Mai–Sept. tgl.
10–18 Uhr; Eintritt Erwachsene 3 Can$,
Kinder 1 Can$

**Old Strathcona Model &
Toy Museum**
In dem Museum, das besonders für Kinder spannend ist, befinden sich maßstabsgetreue Nachbildungen aus Papier: Flugzeuge, Boote, Burgen ...
8603-140 St.; Tel. 7 80/4 33-45 12;
wechselnde Öffnungszeiten; Spende erwünscht

MERIAN-Tipp
7 Muttart Conservatory

Über 700 der schönsten und interessantesten Pflanzenarten der Welt gedeihen unter vier gläsernen Pyramiden. In drei Pyramiden werden die Pflanzen einer jeweils anderen Klimazone präsentiert (Tropen, Trockengebiete und gemäßigte Breiten). In der vierten Pyramide finden Sonderausstellungen Raum.

9626-96A St., Edmonton; Tel. 7 80/
4 96-87 55, Fax 4 96-87 47; So–Mi
11–21, Do–Sa 11–18 Uhr; Eintritt Erwachsene 4,25 Can$, Kinder 2 Can$

⇢ S. 119, D 21

Provincial Museum of Alberta
Das Museum zeigt die naturgeschichtliche und anthropologische Entwicklung Albertas – Pioniergeschichte, die Kultur der indianischen Ureinwohner und die Welt der Dinosaurier. Vier Galerien geben Besuchern einen umfassenden Einblick: von der Eiszeit bis zur Moderne.
12845-102nd Ave.; 16. Mai–1. Sept.
tgl. 9–17, Sept.–15. Mai Di–So 9–17 Uhr;
Eintritt Erwachsene 5,50 Can$, Kinder
3 Can$

ESSEN UND TRINKEN
Carvery of Edmonton
Ausgezeichnetes französisches Restaurant, dessen Speisekarte von frischem Fisch, Schalentieren und saftigen Steaks dominiert wird.
10135-100th St.; Tel. 7 80/4 93-89 94;
abends geöffnet; Reservieren! ●●●● CREDIT

Mikado Restaurant
Sushi, Tempura, Sukiyaki und ausgezeichnete Teriyaki-Steaks.
10651-116 St.; Tel. 7 80/4 25-80 96;
abends geöffnet ●● CREDIT

Sidetrack Café
Das beliebte Musik-Restaurant wurde im Bahnhofsstil erbaut. Gegessen

Edmonton – Elk Island National Park

wird in einem stimmungsvollen alten Eisenbahnwaggon.
10333-122 St.; Tel. 7 80/4 21-13 26 ●●
CREDIT

Am Abend
Sherlock Holmes
Gemütliches englisches Pub, in dem Guinness und diverse Lagerbiere vom Fass fließen.
10012-101 Ave.; Tel. 7 80/4 26-77 84

Service
Auskunft
Edmonton Convention Centre
9797 Jasper Ave.; Tel. 7 80/4 29-99 15, Fax 4 25-07 25

Ziele in der Umgebung

Alberta Wildlife Park
⤑ S. 119, D 21

Zahlreiche nordamerikanische und afrikanische Tiere streifen durch den 72 ha großen Park, in dem Sie Bären, Elche, Löwen und exotische Vögel in ihrer natürlichen Umgebung beobachten können.

22 km nördlich auf dem Hwy 28 (97 St.), dann 13 km nördlich auf der Lily Lake Rd.; tgl. geöffnet; Eintritt frei

Devonian Botanic Gardens
⤑ S. 119, D 21

Japanische und kanadische Künstler legten diesen Park an, dessen besondere Attraktion ein Alpengarten, ein indianischer Gewürzgarten und der neue Kurimoto-Garten sind. In dem japanischen Garten steht eine bronzene Glocke, die die japanisch-kanadische Freundschaft symbolisieren soll.
Tel. 4 03/9 87-30 54 und 9 87-30 55;
10 km westlich auf Hwy 16, dann 14 km südlich auf Hwy 60; tgl. 10 Uhr bis Einbruch der Dämmerung; Eintritt frei

Elk Island National Park
⤑ S. 119, E 21

Der nur knapp 200 qkm große Park ist heute ein Schutzgebiet für Bisons, Bären, Biber, Rotwild und den sehr selten gewordenen Trompeterschwan. Durch den Park können Sie hindurchfahren, sollten aber wegen

Im Elk Island National Park wie auch im Alberta Wildlife Park lassen sich Elche in ihrem natürlichen Lebensraum beobachten.

der zahlreichen Büffel sehr vorsichtig sein und nicht aussteigen.
Tel. 4 03/9 92-29 50; 34 km östl. auf dem Hwy 16; tgl. geöffnet; Eintritt frei

West Edmonton Mall 👫
---> S. 119, D 21

»Shop till you drop« – der Konsumterror, dem man in dieser Riesenhalle verfällt, wurde von einigen Kritikern böswillig so umbenannt. Man braucht allerdings auch mehrere Tage, um dieses Einkaufszentrum der Superlative richtig auszunutzen und alles zu sehen. Das von einer persischen Familie erbaute Shoppingcenter, wohl das größte auf unserem Globus, gilt so manchem Besucher als das achte Weltwunder.

Wer mit Kindern hierher kommt, sollte genügend Zeit und Geld mitbringen. Ein Nachbau von Kolumbus' »Santa Maria« segelt durch die Mall, unter Wasser kann man in einem U-Boot mitfahren, und Kinder können in dem riesigen Hallenbad Bungeespringen oder zwischen 22 verschiedenen Wasserrutschen wählen. 830 Geschäfte, 110 Restaurants verschiedener Kategorien, das Fantasyland Hotel, ausgestattet im Stil der römischen Antike bis zum Hollywood-Kitsch – in der West Edmonton Mall entstand ein Mikrokosmos des Konsums und Entertainments.
Edmonton, 87th Ave. – 170 St.

Wood Buffalo National Park ---> S. 119, E 21

Dieser mit 45 000 qkm größte kanadische Nationalpark erstreckt sich von Alberta bis in die Northwest Territories. Er wurde bereits 1922 gegründet, um die Büffel vor dem Aussterben zu retten. Heute leben etwa 6000 Waldbisons in dem Park, außerdem ist er einziges Refugium des seltenen Schreikranichs. Der Schutz der Büffel war erfolgreich, denn heute besitzt der Park die größte zusammenhängende Büffelherde Nordamerikas. Grund genug für Kevin Costner hierherzukommen, als er seinen oscargekrönten Film »Der mit dem Wolf tanzt« drehte.

Von Edmonton fahren Sie zunächst nach Hay River und von dort auf dem Hwy 5 nach Fort Smith; wenige Kilometer vor dem Ort gabelt sich die Straße, und Sie können auf einem 300 km langen Rundweg durch den südöstlichen Teil des Parks fahren (Campingplätze im Park).
100 km nördl. von Edmonton

Jasper ---> S. 118, B 21
5000 Einwohner

Fast 10 000 qkm Hochgebirgswald, die Gipfel der Rocky Mountains, Gletscher, Seen und eine reichhaltige Flora und Fauna setzen dem Entdeckungsdrang in Jasper so gut wie keine Grenzen. In Jasper und dem gleichnamigen Nationalpark kann man das ganze Jahr über seinen Urlaub genießen: Im Sommer laden die vielen Wanderwege und Pfade zum Wandern und Radfahren ein, und im **Maligne Lake** und dem **Valley of the Five Lakes** können Hechte, Regenbogen- und Bachforellen gefangen werden. Im Winter bieten die Pisten des **Marmot Basin** Gelegenheit zum Wedeln, und an den Wänden der »weeping wall« können Sie sich im Eisklettern versuchen.

Die Gegend um Jasper wurde Anfang des 19. Jh. von David Thompson entdeckt und diente fortan als Pelzhandelsstation. Heute ist der 11 000 qkm große Nationalpark ein für die Besucher idealer Ausgangspunkt für grenzenlose Naturspektakel: Gletscher, Wasserfälle und smaragdfarbene Seen reihen sich hier nahtlos aneinander. Auf dem 230 km langen **Icefields Parkway** von Jasper

Elk Island National Park – Jasper

Die Bergwelt vor der Haustür: Am Connaught Drive, der Hauptstraße von Jasper, erledigt man die Einkäufe für Touren zu den Gletschern.

nach Lake Louise passiert man den **Athabasca Glacier**, eines der größten zusammenhängenden Eisfelder der Welt, die rauschenden **Sunwapta-** und **Athabasca-Wasserfälle** und den für Kanada mittlerweile zum Symbol gewordenen Maligne Lake. Der Highway 93 gilt bei Kennern als eine der Traumstraßen dieser Welt.

Hotels/andere Unterkünfte
Fairmont Jasper Park Lodge
Am Rande des **Lac Beauvert** liegt diese Luxuslodge der Fairmont-Gruppe mit Tennis-, Reit- und Golfmöglichkeiten. Man residiert in großzügig eingerichteten Chalets mit Panoramablick. Versuchen Sie möglichst ein Zimmer mit Seeblick zu bekommen, denn mitten in der Anlage kann es nachts schon mal etwas lauter werden.
Box 40; 7 km von Jaspers Zentrum entfernt, Richtung Lake Edith/Lake Annette; Tel. 7 80/8 52-33 01, 1-8 00-4 41-14 14 (gebührenfrei), Fax 8 52-51 07; www.fairmont.com; 451 Zimmer ●●●●
CREDIT

Patricia Lake Bungalows
Am Ufer des idyllischen Sees gelegen, sind diese Chalets ein idealer Standort für Aktivurlauber.
Box 657, Jasper; Tel. 1-8 88-4 99-68 48 (gebührenfrei), Fax 8 52-40 60; www.patricialakebungalows.com; Mai–Mitte Okt. geöffnet; 37 Zimmer ●● CREDIT

Essen und Trinken
Becker's Gourmet Restaurant
Wunderschön gelegenes Restaurant mit Panoramablick. Die Küche legt Wert auf innovative Kreationen mit heimischen Produkten.
5 km südl. von Jasper, Hwy 93; gehört zur Anlage der Becker Chalets; Tel. 7 80/8 52-35 35; abends geöffnet, Reservierung erforderlich ●●●● AmEx MASTER VISA

Tonquin
Der Grieche Nick Bartziokas ist für seine spezielle Zubereitung von Rindfleisch berühmt. Tolle T-bone-Steaks.
Hinterm Jasper Inn Hotel; Tel. 7 80/8 52-49 66; abends geöffnet, Reservierung erforderlich ●●● CREDIT

Der Athabasca River zwängt sich spektakulär durch den engen Canyon.

Fiddle River
Gemütliches Restaurant im 2. Stock an der Main Street mit täglich wechselnden Fisch- und Fleischgerichten. Besonders lecker sind die »fish & chips«, in Zeitungspapier eingewickelte panierte Fischstücke mit »french fries«.
620 Connaught Dr.; Tel. 7 80/8 52-30 32; ganztägig geöffnet ●● CREDIT

SERVICE
Auskunft
Jasper Park Chamber of Commerce
632 Connaught Dr.; Tel. 7 80/8 52-38 58

Ziele in der Umgebung

Athabasca Falls ⇢ S. 87, b 3

Südlich des über 3000 m hohen **Mount Quincey** erkennt man fast die Quelle des Athabasca River. Vom rechten Tal fließt der Chaba River in den **Fortess Lake**, einen der größten Seen der Rockies. Der Athabasca Glacier bedeckte Anfang des 20. Jh. noch das gesamte Tal, in dem heute der moderne Highway 93 verläuft. Beim Parkplatz am Gletschersee verdeutlichen Markierungen mit Jahreszahlen, wie sich der Gletscher Jahr für Jahr zurückzieht. Hier drängt sich der Athabasca River durch eine enge Schlucht und bildet so einen der imposantesten Wasserfälle in den Rocky Mountains.
33 km südl. von Jasper, Hwy 93

Columbia Icefield
⇢ S. 87, b 3/4

Die größte Eisdecke südlich von Alaska bedeckte einst ganz Kanada. Heute sind immerhin noch 325 qkm dieses Eisfeldes übrig, das den Athabasca River und fünf Gletscher speist, darunter der **Dome**, **Athabasca** und der **Stutfield**. Coaches fahren heute mit Spezialfahrzeugen auf das – mittlerweile grau gewordene – Eisfeld und ermöglichen Besuchern einen Spaziergang auf der Eisdecke.
100 km südl. von Jasper, Hwy 93

Maligne Canyon ⇢ S. 87, b 3

Schroffe Kalksteinwände fallen 50 m senkrecht in die Tiefe. Auf dem Weg zu den Felsen muss man sechs Brücken überqueren, unter denen der **Maligne River** durchwirbelt.
11 km nordöstl. von Jasper auf dem Hwy 16, dann auf der Maligne Road

Maligne Lake ⇢ S. 87, b 3

Der zweitgrößte Gletschersee der Welt ist eines der beliebtesten Urlaubsziele in Kanada. **Spirit Island** auf dem Maligne Lake ziert mittlerweile unzählige Bücher und Reportagen über Kanada. Bei einer

Bootsfahrt können Sie die atemberaubende Bergwelt der Rocky Mountains genießen.
Maligne Lake Rd., 46 km südöstl. von Jasper

Miette Hot Springs ···› S. 87, b 2

Das 49 Grad warme Wasser der heißen Quellen von Miette wird auf angenehme 36 Grad abgekühlt.
61 km östl. von Jasper, Hwy 16, dann südlich nach 17 km auf der Miette Rd.; Tel. 4 03/8 66-39 39; Mitte Mai–Mitte Okt., unterschiedliche Öffnungszeiten; Eintritt Erwachsene 3 Can$, Kinder 1,50 Can$

Pyramid Lake und Patricia Lake ···› S. 87, b 2

Eine kurvenreiche Strecke endet an den beiden Seen, überragt vom 2800 m hohen **Pyramid Mountain**. Eine Lodge liegt direkt am See.
6 km nördl. von Jasper, Pyramid Lake Rd.

Sunwapta Falls ···› S. 87, b 3

An dieser Stelle ändert der Sunwapta River seinen Kurs von Nordwest auf Südwest und stürzt in eine tiefe Schlucht hinunter.
55 km südl. von Jasper, Hwy 93

Lake Louise ···› S. 118, C 22
350 Einwohner

Die touristische Metropole in den kanadischen Rocky Mountains lockt alljährlich tausende von Besuchern an. Ganze Reisegruppen, vor allem von Japanern, werden mit Bussen von Calgary in diesen von Seen und Bergen umgebenen kleinen Ort gebracht. Sie alle schlendern um den gleichnamigen See am Fuße des **Mount Victoria**, bewundern den spektakulären Victoria-Gletscher und verbringen die »tea time« im weltberühmten **Fairmont Chateau Lake Louise**. Mit dem Bau dieses Chateaus wurde bereits im 19. Jh. begonnen, 1924 brannte es jedoch vollständig ab und wurde neu erbaut. Wem es zu teuer ist, in dem First-Class-Hotel zu übernachten, der sollte wenigstens nach dem Spaziergang eine Tasse Tee auf der Terrasse einnehmen und einen Blick durch die Panoramafenster auf den Lake Louise und den Mount Victoria werfen (Tel. 4 03/5 22-35 11, 1-8 00-4 41-14 14 gebührenfrei, Fax 5 22-38 34; www.fairmont.com; 486 Zimmer ●●●● CREDIT).

Prinzessin Louise, die Tochter von Königin Victoria und Gemahlin des kanadischen Generalgouverneurs, war von der landschaftlich reizvollen Gegend so hingerissen, dass der See ihr zu Ehren benannt wurde. Wer mit dem eigenen Wagen nach Lake Louise fahren möchte, sollte den nicht so stark befahrenen **Bow Valley Parkway** dem Trans Canada Highway vorziehen. Aktivurlauber können hier wandern, angeln, radeln und Kanu fahren.

Aufregend: Schlittenhunderennen im Lake Louise Banff National Park.

Intensiv türkis – und immens touristisch: Lake Louise ist einer der schönsten, sicher aber auch einer der bekanntesten Seen in den Rocky Mountains.

Hotels/andere Unterkünfte
Moraine Lake Lodge
Am wunderschönen Moraine Lake, inmitten des Valley of the Ten Peaks, 11 km südwestlich von Lake Louise, liegt diese Luxuslodge. Von den überaus komfortablen Bungalows aus genießt man einen herrlichen Blick über den azurblauen See.
P.O. Box 70, Lake Louise (Ende der Moraine Lake Rd.); Tel. 4 03/5 22-37 33, Fax 5 22-3719; www.morainelake.com; Anfang Juni–Ende Sept. geöffnet; 33 Zimmer ●●●● AmEx MASTER VISA

Mountaineer Lodge
Das mitten im Ort gelegene Hotel bildet einen zentralen Ausgangspunkt zum Wandern, Angeln, Rad- und Kanufahren. Zur Entspannung gibt es einen Whirlpool und ein Dampfbad.
101 Village Rd.; Tel. 4 03/5 22-38 44, Fax 5 22-39 02; www.mountaineerlodge.com; Mai–Okt. geöffnet; 78 Zimmer
●● AmEx MASTER VISA

Essen und Trinken
Post Hotel und Restaurant
Die Schweizer Brüder George und Andre Schwarz betreiben einen der Gourmettempel in den Rocky Mountains schlechthin. Besonders empfehlenswert sind die Seafood-Platte mit Hummer, Jakobs- und Miesmuscheln und die diversen Lamm- und Wildgerichte. Der Weinkeller bietet nur ausgezeichnete Tropfen. Hotelzimmer teils mit offenem Kamin.
Lake Louise Village; Tel. 4 03/5 22-39 89, 1-8 00-6 61-15 86 (gebührenfrei), Fax 5 22-39 66; www.posthotel.com; 98 Zimmer; Reservierung erforderlich ●●●●
AmEx MASTER VISA

Lake Louise Inn
Mitten im Ort am Pipestone River liegt das große Restaurant, dessen Spezialität Grillgerichte sind.
210 Village Rd.; Tel. 4 03/5 22-37 91, 1-8 00-6 61-92 37 (gebührenfrei), Fax 5 22-20 18; www. lakelouiseinn.com
●● CREDIT

Lake Louise – Sunshine Mountains 49

Service
Auskunft
Lake Louise Visitor Centre
Samson Mall; Tel. 4 03/5 22-38 33

Ziele in der Umgebung

Bow Lake ⤳ S. 87, b 4

Der große See, der je nach Jahreszeit in unterschiedlichen Farben erstrahlt, liegt zwischen den Gipfeln des Mount Thompson und dem Crowfoot Mountain und ist von herrlich bunten Alpenblumen umgeben. Wer zum Bow Lake hinabsteigt, sieht die Endmoräne, die der Gletscher bei seinem Rückzug hinter sich gelassen hat. Hier entspringt der South Saskatchewan River und der Bow River. Zu erreichen ist der See über einen kurzen Wanderweg, der nur wenige Meter hinter der Num-i-jah Lodge.

36 km nördl. am Highway 93

Bow Pass ⤳ S. 87, b 4

Nördlich von Lake Louise auf dem Highway 93 erreicht man mit dem 2068 m hohen Bow Pass den höchsten Punkt im Banff National Park und gleichzeitig die Wasserscheide zwischen dem North und South Saskatchewan River. Von einer Aussichtsplattform erblickt man den Gipfel des Peyto, den Peyto Lake und den Mistaya Mountain.

50 km nördl. von Lake Louise

Lake Louise Gondola
⤳ S. 87, b 5

Eine Gondel bringt die Besucher im Sommer auf eine Aussichtsplattform in 2034 m Höhe, von wo man einen herrlichen Blick auf den Lake Louise, den Victoria-Gletscher und die Gipfel des Bow Range hat.

Am Ortsende von Lake Louise

Moraine Lake ⤳ S. 87, b 5

Ein smaragdgrüner See, umgeben vom **Valley of the Ten Peaks**, zehn Gletschergipfeln, die unter dem Namen »Wenkchemna Peaks« bekannt geworden sind. **Mount Temple**, als Teil der Bow Range, erhebt sich im Norden. Der See wurde zu einem Symbol Kanadas, verewigt auf jedem 20-Dollar-Schein.

12 km östl. der Zubringerstraße von Lake Louise, im Winter meist geschlossen

Peyto Lake ⤳ S. 87, b 4

Ein See, dessen Farbe sich mit den Jahreszeiten ändert: Vor der Frühjahrsschmelze noch dunkelblau, wird er mit zunehmendem Schmelzwasser immer heller, bis er im Sommer smaragdgrün schimmert.

40 km nördl. von Lake Louise, Hwy 93

Sunshine Mountains
⤳ S. 87, b 4/5

Der Traum eines jeden ambitionierten Skiläufers: auf meterdickem, unberührtem Tiefschnee mit eleganten Schwüngen in einer Wolke aus Pulverschnee hinab ins Tal zu sausen. In den Rocky Mountains ist von November bis Ende April Skisaison. Und ganz im Gegensatz zu europäischen Skigebieten gibt es hier keine Liftschlangen, Parkplatzsorgen oder überlaufene Berggasthöfe.

Der Schnee in Kanada ist irgendwie »weicher«, »pudriger« als in den Alpen, sagen Kenner. Lake Louise ist das größte zusammenhängende kanadische Skigebiet, und wer einmal hier die Pisten hinuntergewedelt ist, für den sind die europäischen Alpen schnell langweilig. Darüber hinaus liegt in **Blue River** am Westrand der Rockies in der Nähe von Lake Louise das größte Helicopterskiing-Revier der Welt.

British Columbia und die Pazifikküste

Einfach traumhaft: schneebedeckte Gipfel, smaragdgrüne Seen – und die »Perle« Vancouver.

Highlight am Pazifik: Die charmant-dynamische Metropole Vancouver gilt als landschaftliche Schönheit und »kultureller Nabel« Westkanadas.

Die Kanadier kürzen ihre westlichste Provinz liebevoll »B.C.« ab. Sie steht zwar flächenmäßig nur an dritter Stelle im Land, ist aber mit 952 000 qkm immer noch größer als Deutschland, Frankreich, Österreich und die Schweiz zusammen. In Beautiful British Columbia, wie es auf den Autoschildern steht, begegnen sich klimatische und landschaftliche Extreme: An der Pazifikküste reicht ein Labyrinth von Inseln und Fjorden bis nach Alaska, von der Coast bis zu den Rocky Mountains wechseln sich Bergwälder mit zahlreichen Seen und zerklüfteten Tälern ab. Neben **Vancouver** ist **Vancouver Island** mit der Provinzhauptstadt Victoria eines der meistbesuchten Ziele der Region. An der Westküste der Insel, dem **Pacific Rim National Park**, sind unzählige Wild- und Wassertiere beheimatet, von Mai bis September gehört das Gebiet zur Zugstrecke der Wale. Weiter nördlich liegt die **Cariboo-Chilcotin-Region**, das klassische Cowboyland, das im Osten an die Rocky Mountains anschließt, wo im **Mount Robson Provincial Park** mit knapp 4000 m der Mount Robson als höchster Berg der kanadischen Rockies steht. Im Süden liegen die Weinberge und Obstplantagen des fruchtbaren **Okanagan Valley**, im Norden locken der **Top of the World Provincial Park** und der beginnende **Alaska Highway**.

Golden ⟶ S. 118, C 22
4000 Einwohner

Im Zentrum der vier sehenswerten Nationalparks von Kootenay, Yoho, Banff und Jasper ist Golden der ideale Ausgangspunkt für zahlreiche Touren in die Rocky Mountains. Die kleine Stadt liegt am Zusammenfluss von **Kicking Horse** und **Columbia River**, fast an der östlichen Grenze British Columbias zu Alberta. Die ehemalige Ladestation der Raddampfer ist heute der ideale Ausgangspunkt für Wanderungen und Touren durch die Nationalparks von **Yoho, Kootenay, Banff** und **Jasper**. Die beiden Letzteren gehören schon zur Provinz Alberta.

Im Winter kann man die Hänge der **Whitetooth Ski Area** hinunterwedeln, im Sommer eignet sich der temperamentvolle **Kicking Horse River** zu Wildwassertouren, und Fahrradfans radeln die 320 km lange **Golden Triangle Tour** von Golden über **Radium Hot Springs** in den Banff National Park und zurück über Lake Louise nach Golden. Rundum ein optimales Standquartier für Aktivurlauber.

Ein besonderes Erlebnis beim Besuch der Nationalparks in der Gegend von Golden ist die Beobachtung von Grizzlies. Nichts fürchten die Park Rangers in den Nationalparks so sehr wie eine unverhoffte Begegnung mit einem Grizzly. Die sonst friedliebenden, bis zu 650 kg schweren Bären wehren sich, wenn sie überrascht werden. Respektvolle Distanz ist daher der Schlüssel für das Nebeneinander von Bär und Mensch. Ein Grizzly hat immer das Nachsehen, wenn sich ein unvorsichtiger Tourist in seine Nähe wagt: Nach einer Attacke muss der Bär meist erschossen werden.

Hotels/andere Unterkünfte
Swiss Village Motel
Preiswertes Motel an der westlichen Ortseinfahrt mit Sauna und Whirlpool sowie einem kleinen Campingplatz. 14th St. N.; Tel. 2 50/3 44-22 76, Fax 3 44-52 59; E-Mail: swissvillage@cablerocket.com; 40 Zimmer, 10 Stellplätze auf dem Campingplatz ●● CREDIT 🐾

Golden Municipal Campground
Idyllischer, sehr weitläufiger Campingplatz zwischen den Selkirk Mountains und dem Kicking Horse River. 1407 S. 9th St.; Tel. 2 50/3 44-54 12, 1-8 00-6 22-46 53 (gebührenfrei), Fax 3 44-52 12; E-Mail: esutter@redshift.bc.ca; 67 Stellplätze; Mitte Mai–Mitte Okt. geöffnet ● DINERS MASTER VISA

MUSEEN
Golden and District Museum
Hier wird anhand von Fotos und Ausrüstungsgegenständen die Erschließung der nahe liegenden Gebirge gezeigt.
11th Ave./14th St., im Schulgebäude; tgl. 9–17 Uhr (im Sommer); Eintritt frei

SERVICE
Auskunft
Golden Visitor Info Centre
500-10th Ave. N.; Tel. 2 50/3 44-71 25, 1-800-622-4653 (gebührenfrei); Fax 3 44-66 88; www.goldenchamber.bc.ca

Die Schnitzwerkstatt der Totempfähle im Ksan Historic Indian Village ist für Besucher geöffnet.

Ziele in der Umgebung

Emerald Lake ⇢ S. 87, b 5

Von Field, 55 km östlich von Golden, führt eine schmale Straße zu dem blaugrünen See am Fuße der 3000 m hohen **President Range**. Im Sommer fahren viele bunte Kanus über den stillen See im **Yoho National Park** (→ MERIAN Tipp, S. 53), der sich als Bilderbuchlandschaft präsentiert. Ein schöner Rundwanderweg lädt zum Spazierengehen ein.

ESSEN UND TRINKEN
Emerald Lake Lodge
→ MERIAN-Tipp, S. 15

Glacier National Park
⇢ S. 87, a 4/5

Westlich von Golden liegt der große Nationalpark, an den sich der kleinere Mount Revelstoke National Park anschließt. Die feuchte pazifische Meeresluft steigt an der Westflanke dieses Gebirgszugs hoch und sorgt im Sommer fast täglich für Regen; im Winter wurden schon einmal 23 m Schnee pro Jahr gemessen. Ewiges Eis und Schnee bedecken 12 % der beiden Naturparks, Heimat für Grizzlies, Karibus und Adler. Im Winter wird dieser Gebirgszug zusätzlich von Heliskifahrern und Snowmobilisten bevölkert, die in den entlegenen Wäldern und Hängen ihrem Hobby frönen. Bereits 1885 verlegte die Canadian Pacific Railway Schienen durch diese schwer zugängliche Gegend; erst seit 1962 führt ein 50 km langes Teilstück des Trans Canada Highway über den Pass, an dem 1910 bei einem Lawinenunglück 62 Bahnarbeiter starben. Auch heute noch werden täglich Lawinenkanonen abgeschossen, um Wanderer, die übrigens wegen der Bären eine Glocke am Rucksack tragen sollten, vor einem ähnli-

chen Unfall zu schützen. Am 1327 m hohen Rogers Pass informiert ein Besucherzentrum über Eisenbahnstrecke und Highway.
80 km westl. von Golden

Kicking Horse Pass ⇢ S. 87, b 5

Die Geschichte des **Yoho National Park** (→ MERIAN Tipp, S. 53) ist eng verbunden mit der Trans Canadian Pacific Railway, deren Streckennetz im Jahr 1884 über den Kicking Horse Pass ausgebaut wurde, wobei stellenweise ein Gefälle von 4,5 % überwunden werden musste. Häufig verunglückten in den folgenden Jahren Züge aufgrund nicht funktionierender Bremsen, sodass man 1909 zwei Spiraltunnel baute, um den großen Höhenunterschied zu bewältigen. 9 km westlich des 1625 m hohen Kicking Horse Pass ermöglicht ein Aussichtsturm den Blick auf die kühn angelegte Bahnstrecke mit den beiden Tunneln, deren Vorbild die Schweizer Gotthard-Bahn war.

Der Name »Kicking Horse Pass« erinnert übrigens an eine Begebenheit, die ebenfalls mit dem Bau der transkontinentalen Eisenbahn in Verbindung steht: Als erster Weißer drang im 19. Jh. Sir James Hector in das Gebiet vor, wo er für die Palliser Expedition potenzielle Straßen- und Eisenbahnrouten erkunden sollte. Über den Vermilion Pass war er in das Kootenay Tal gelangt, wo er nahe den Wapta-Wasserfällen so heftig von seinem Pferd getreten wurde, dass die anderen Expeditionsmitglieder ihn für tot hielten. Hector kämpfte sich jedoch schwer verletzt ins Tal zurück.
30 km östl. von Golden

Kimberley ⇢ S. 118, C 23

Von Golden führt der Highway 95 in südlicher Richtung über Invermere nach Kimberley, einem »bayerischen« Dorf mit mehreren Blaskapellen und der größten Kuckucksuhr der Welt. Auf dem »Platzl« servieren Männer in zünftigen Lederhosen und Frauen im schmucken Dirndl bayerische Spezialitäten wie Apfelstrudel oder Bier im Maßkrug.
220 km nördl. von Golden, 32 km nördl. von Cranbrook

MERIAN-Tipp
8 Yoho National Park

Yoho bedeutet in der Sprache der Cree-Indianer Ehrfurcht, und wenn man den Yoho National Park an der Westflanke der Rocky Mountains besucht, wird man tatsächlich ehrfürchtig angesichts der landschaftlichen Schönheit. Der 1313 qkm große Park (30 km nördlich von Golden) grenzt an den Banff und den Kootenay National Park; als viertes großes Naturschutzgebiet in den kanadischen Rockies umfasst er eine vielgestaltige Hochgebirgslandschaft mit schneebedeckten Gipfeln, reißenden Bächen, grandiosen Wasserfällen und malerischen Bergseen. Wegen seiner beeindruckenden Vielseitigkeit wurde der Park 1985 in das World Heritage Programm der UNESCO aufgenommen.

⇢ S. 118, C 22

Radium Hot Springs ⇢ S. 87, b 6

Südlich von Golden sprudeln im **Kootenay National Park** die heißen Quellen von Radium Hot Springs, in denen im Schwimmbad in unterschiedlich temperierten Becken gebadet werden kann. Das schwefelhaltige Mineralwasser ist leicht radioaktiv, daher der Name. Etwas weiter südlich liegen die ebenfalls heißen Quellen von **Fairmont Hot Springs**.
148 km westl. von Golden

Westlich der Rocky Mountains erstreckt sich das klassische Cowboy-Land.

Takakkaw Falls ⟶ S. 87, b 5

Fast 400 m stürzen die Takakkaw Falls am Ende der Yoho Valley Road bei Field in die Tiefe. Das Schmelzwasser des **Daly Glacier** formt somit den zweithöchsten Wasserfall Nordamerikas. Bei schönem Wetter bildet sich am Fuße des schmalen Takakkaw ein großer Regenbogen.

Kamloops ⟶ S. 118, A 23

80 000 Einwohner

Für die Indianer war dieser Ort »cumloops« – das Zusammentreffen der Wasser des North und South Thompson River, die auch heute noch an Wildwasserfahrer hohe Anforderungen stellen. Kamloops ist der Verkehrsknotenpunkt im südlichen British Columbia und bietet einige große Shopping Malls.

Mehr als 600 kleine und größere Seen um Kamloops laden zum Baden ein, besonders auf dem **Shuswap-See** können Touren mit einem Hausboot unternommen werden. Mehrere Flüsse sind auf einer Länge von insgesamt über 1000 km befahrbar; Wildwasserkanuten schätzen besonders die starken Strömungen auf dem Adamas, dem Clearwater und dem Illecillewaet River.

In der Einsamkeit des **Wells Gray Provincial Park** und des **Shuswap Provincial Park** können überall wilde Tiere beobachtet werden. Nördlich von Kamloops führt der Hwy 5 nach **Clearwater**, von wo aus eine Schotterstraße in den Wells Gray Provincial Park führt. Im Ort Blue River am Hwy 5 weist ein Schild auf den Murtle Lake hin. Die Asphaltstraße endet kurze Zeit später, und es folgt eine ca. 25 km lange Schotterpiste. Von dort erreicht man nach einer rund zweistündigen Wanderung den **Murtle Lake**, der zu den schönsten Seen Kanadas zählt und sich ideal für Kanutouren eignet.

Zahlreiche weitere idyllische Seen und die spektakulären Stromschnellen des **Fraser River** können auf Wanderungen erkundet werden.

Takakkaw Falls – Kelowna

Hotels/Andere Unterkünfte

South Thompson Guest Ranch
Kleine Farm am Nordufer des South Thompson River direkt am Golfplatz. Jedes Zimmer ist anders eingerichtet, manche haben Jacuzzi und Kamin, draußen liegt ein beheiztes Freibad. Hier kann man zum Ausritt starten.
East Shuswap Rd., 20 km östlich von Kamloops; Tel. 2 50/573 37 77; Fax 5 73-37 77; www.stigr.com;
55 Zimmer ●● CREDIT 🐴

Spaziergang

Im **Travel Infocentre** erhalten Sie eine Broschüre, in der ein Stadtrundgang die historische Entwicklung von Kamloops deutlich werden lässt. Er führt von der 1887 erbauten **St. Joseph's Church** zum **Chinesischen Friedhof**, wo viele ehemalige Bahnarbeiter begraben liegen. Von dort führt der Weg zum **MacArthur Island Park**, dann zum **Riverside Park**, wo früher der Canadian National Steamtrain stand, der allerdings ständig beschädigt und deshalb mittlerweile entfernt wurde. Ziel der Tour ist das **Secwepemc Indian Native Centre**, das der Kultur der Shuswap- und Salish-Indianer gewidmet ist.

Service

Auskunft
Kamloops Visitor Info Centre
1290 W. Trans Canada Hwy; Tel. 2 50/ 3 74-33 77, 1-8 00-6 62-19 94 (gebührenfrei), Fax 8 28-95 00;
www.adventurekamloops.com

Ziele in der Umgebung

Revelstoke und Mica Dam ⇢ S. 118, A 23

An der Mündung des **Illecillewaet River** in den **Columbia River** liegt westlich von Kamloops am Trans Canada Highway Revelstoke, wo seit Anfang der 80er Jahre ein 175 m hoher Damm den Columbia River staut. Das Wasserkraftwerk kann besucht werden.

Kelowna ⇢ S. 118, A 23

96 000 Einwohner

Die südlichste Großstadt in British Columbia am Ufer des Okanagan Lake ist berühmt für die höchste Sonnenscheindauer (2000 Stunden pro Jahr) in Kanada. Im **Okanagan Valley**

Südlich von Osoyoos verändert sich das Bild – das bislang vorherrschende Grün macht erdigen Brauntönen Platz, die Landschaft wird zunehmend wüstenhaft.

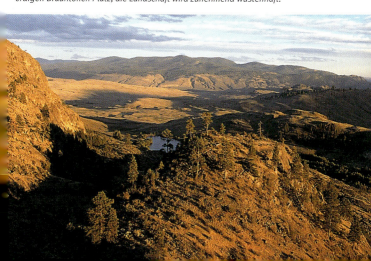

British Columbia und die Pazifikküste

»Native Americans«: Auf den »Powwows« präsentieren sich die kanadischen Indianer stolz in ihrer traditionellen Tracht. Ohne Sonnenbrille wäre die Illusion perfekt ...

werden zahlreiche Obstsorten angebaut. Die Früchte werden bei Sun Rype Products, einer der größten kanadischen Mostereien, zu Säften gepresst. Zwischen Osoyoos und Winfield liegen am **Okanagan Lake** Weinberge.

Der Okanagan Lake kann bei einer Bootstour auf dem Schaufelraddampfer »Fintry Queen« befahren werden, und der Osoyoos Lake an der Grenze zu den USA ist Kanadas wärmster See, an dem sich in den Sommermonaten unzählige Badegäste tummeln.

Zwischen Osoyoos und Oliver, kurz vor der Grenze zu den USA, liegt Kanadas einzige Wüste, deren Ausläufer sich bis nach New Mexico ziehen. In ihr wachsen Kakteen, zuweilen erreichen die Temperaturen 50 Grad. Der nahe gelegene **Osoyoos Lake** wird in den Sommermonaten 24 Grad warm, der Ort selbst, der im spanisch-maurischen Stil erbaut wurde, erblüht alljährlich im Juli zur Zeit des Kirschfestivals. In der Erntezeit zwischen Juli und Oktober lohnt sich auch ein Abstecher nach **Keremeos**, der »kanadischen Obstmetropole«, wo Sie Ihren Bedarf an frischen Birnen, Aprikosen, Pfirsichen, Kirschen und anderen Früchten decken können.

Hotels/andere Unterkünfte
Lake Okanagan Resort
Herrliche Hotelanlage am idyllischen Okanagan Lake mit eigenem Sandstrand, Tennisplätzen, Par-3-Golfplatz, Bootsrampe und Möglichkeiten zum Flaschentauchen. Viele Kanadier kommen im Sommer in die großzügige Hotelanlage, um sich beim Golfen, Schwimmen, Fischen oder Tauchen zu erholen. Angeln und Taucherausrüstung können ausgeliehen werden; nur ein Tauchzertifikat muss vorgelegt werden.
2751 Westside Rd., 17 km außerhalb von Kelowna; Tel. 2 50/7 69-35 11, 1-8 00-6 63-32 73 (gebührenfrei), Fax 7 69-66 65; www.lakeokanagan.com; 135 Zimmer
••• CREDIT

Museum
Kelowna Centennial Museum
Die Ausstellung informiert anschaulich über die Vergangenheit der Stadt. Ein rekonstruiertes »Kekuli«, eine in den Erdboden gebaute Winterbehausung, zeigt die Lebensgewohnheiten der Interior Salish-Indianer; außerdem wurde eine typische Straßenszene von 1910 und ein Handelsposten von 1861 wieder aufgebaut. Interessante Sonderausstellungen ergänzen die sehenswerte Sammlung.
470 Queensway Ave.; Di–Sa 10–17, Juli–Aug. auch So 14–17 Uhr; Eintritt frei

Essen und Trinken
Christopher's
Das Restaurant bietet täglich wechselnde Fischgerichte aus den Seen und Flüssen der Umgebung, besonders der Lachs sowie die verschiedenen Forellenarten sind empfehlenswert.
242 Lawrence Ave.; Tel. 2 50/8 61-34 64; abends geöffnet ●●● CREDIT

Earl's on Top Restaurant
Direkt am Ufer des Okanagan Lake werden sehr gute Nudelgerichte und saftige Steaks serviert – und natürlich frischer Fisch.
211 Bernard Ave.; Tel. 250/763-27 77; abends geöffnet ●● CREDIT

Service
Auskunft
Kelowna Visitor Info Centre
544 Harvey Ave.; Tel. 2 50/8 61-15 15, 1-8 00-6 63-43 45 (gebührenfrei), Fax 8 61-36 24; www.kelownachamber.org

Queen Charlotte Islands
⋯⋙ S. 112, A 12

Nördlich von Vancouver Island liegt eine Inselgruppe, die aus 150 kleineren und zwei großen Inseln besteht. Die Queen Charlotte Islands, 50 bis 150 km westlich vom Festland, sind seit etwa 8000 Jahren Heimat der Haida-Indianer, die hier Totempfähle und 20 m lange Kanus schnitzten und sich vom Fischfang ernährten. Auf den »Inseln der Wunder« entwickelten die einst kriegerischen Indianer im heutigen UNESCO-Kulturdenkmal eine hoch stehende Zivilisation. Die meisten der etwa 1300 noch auf den Inseln lebenden Ureinwohner arbeiten in Reservaten auf **Graham Island**, wo man ihnen bei ihren Schnitzereien

Auf den Queen Charlotte Islands nahe der Grenze zu Alaska können Sie lange, einsame Wanderungen unternehmen.

zuschauen kann. »Gwaii Haanas« – Insel der Wunder, nennen die Haidas ihre Insel. Andere sprechen angesichts der reichen Tierwelt – unzählige verschiedene Meerestiere bevölkern die Gewässer um die Inseln – und der Regenwälder von einem »Galapagos des Nordens«. In Haida, dem größten Stammesreservat, stehen einige Totempfähle, die die Stammesgeschichte erzählen. Die bedeutendste Schnitzerei für die Indianer ist der Rabe Ne-kil-stlas, der als Urvater der Haida gilt. Die Einwilligung zum Zutritt der Reservate muss bei den **Band Councils** (Stammesräte) in Skidegate oder Haida eingeholt werden.

Die Inseln sind ein Paradies für Tierbeobachtungen: Grauwale und Delfine ziehen vorbei. In der South Moresby/Gwaii Haanas National Park Reserve liegt die Ortschaft **Ninstints** auf Anthony Island, einem von der UNESCO zum Kulturdenkmal erklärten Ort. Die zwei Hauptinseln **Graham Island** und **Moresby Island** können mehrmals wöchentlich mit dem Wasserflugzeug und der Fähre von Prince Rupert erreicht werden, auch von Vancouver wird Sandspit auf Moresby Island angeflogen.

Hotels/andere Unterkünfte
Unterkünfte stehen auf Moresby Island in Sandspit zur Verfügung, auf Graham Island in Queen Charlotte, Tlell, Port Clements und Masset. Auf jeden Fall sollte man eine Unterkunft buchen, bevor man die Queen Charlotte Islands besucht. Sehr idyllisch liegen die zahlreichen Campgrounds der Inseln, von denen reizvolle Wanderwege durch ursprüngliche Flora und Fauna führen.

Moresby Island Guest House
Bed-&-Breakfast-Pension an der Shingle Bay. Die Zimmer gewähren einen schönen Ausblick auf die Hecate Strait im Pazifischen Ozean.
385 Alliford Bay Rd., Sandspit, 1 km südlich des Flughafens; Tel./Fax 2 50/6 37-53 00; E-Mail: b&b@whistlerweb.com, www.bbcanada.com/1651.html; 10 Zimmer ● MASTER VISA

Naikoon Provincial Park
An der Nordostspitze von Graham Island gelegener Campingplatz. Wanderungen im Provinzpark führen im-

Grizzly auf Spurensuche: Bären können sehr gut riechen, sehen aber schlecht.

Queen Charlotte Islands 59

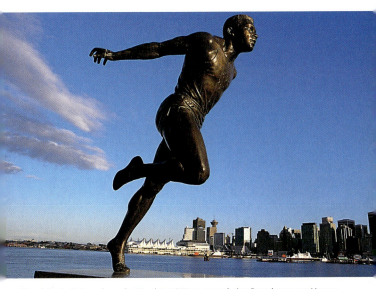

Die schönste Metropole an der Westküste? Wenn es nach den Bewohnern von Vancouver geht, hat ihre Stadt ganz klar die Nase vorn – vor San Francisco!

mer wieder zu dem insgesamt über 100 km langen Strand zurück.
Skeena District 9, Bag 5000, 3790 Alfred Ave., Smithers; Tel. 2 50/8 47-73 20, Fax 8 47-76 59; 30 Stellplätze; Mai–Okt. geöffnet ● ▱

Sehenswertes
Delkatla Wildlife Sanctuary
Im **Naikoon Provincial Park** wurde mit dem Delkatla Wildlife Sanctuary ein Refugium für unzählige wilde Vögel geschaffen. Nicht nur Weißkopfseeadler, Wanderfalken und Eulen kreisen hier durch die Lüfte, an den Stränden ziehen auch Grau- und Buckelwale vorbei. Von **Masset** im Norden von Graham Island führt ein Weg zur Landzunge **Rose Spit**, von dort geht es südlich nach **Tlell**, wo am Strand das Wrack der »Pezuta«, eines Anfang des 19. Jh. gestrandeten Schiffes, liegt. Der Naikoon Provincial Park kann vom Highway 16 von Tlell, Port Clements oder Masset im Norden erreicht werden.

Museen
Queen Charlotte Museum
Direkt am Meer liegt das ganz aus Glas und Zedernholz erbaute Museum, das die Flecht- und Schnitzarbeiten der hiesigen Indianer präsentiert. Besonders eindrucksvoll sind die Arbeiten mit Argilit, einem schwarzen Speckstein.
Second Beach, Skidegate; tgl. 9–17 Uhr (im Sommer); Eintritt Erwachsene 2 Can$, Kinder 1 Can$

Essen und Trinken
Tlell River House
Direkt am Fluss gelegenes kleines Restaurant mit Burgern, Steaks und »fish & chips«.
Beitush Rd., Tlell; Tel. 2 50/5 57-42 11, 1-8 00-6 67-89 06 (gebührenfrei), Fax 5 57-46 22; ganztägig geöffnet ●● CREDIT

Service
Auskunft
Queen Charlotte Visitor Info Centre
3220 Wharf St. Queen, Charlotte City,

Alle 15 Minuten ertönt ein Pfiff: Die alte dampfbetriebene Uhr in Gastown »erzieht« gewissermaßen zur Pünktlichkeit – was kein Fehler ist, denn hier hat sich schon mancher zum Rendezvous verabredet.

V0T 1SO; Tel. 2 50/5 59-83 16, Fax 5 59-89 52; www.qcinfo.com; 1. Mai–30. Sept. geöffnet

Für die Reservate sind die **Band Councils** zuständig:
Skidegate Band Council
Für den Süden von Graham Island.
Tel. 6 04/5 59-44 96

Masset Band Council
Für den Norden und Langara Island.
In Haida; Tel. 6 04/6 26-33 37

Vancouver ···> S. 117, E/F 20

1,8 Mio. Einwohner
Stadtplan → Umschlagkarte hinten

Die drittgrößte kanadische Stadt liegt landschaftlich herrlich zwischen dem Pazifischen Ozean und den Bergketten der Küstenregion und wird mit Recht zu den schönsten Städten der Welt gezählt. Vancouver genießt ein für British Columbia außergewöhnlich mildes Klima, das viele Freizeitaktivitäten ermöglicht. Sie können hier an einem Tag Golf spielen, segeln, Kajak fahren und Ski laufen.

Herz der Wirtschaftsmetropole ist der lebhafte Hafen. Von hier aus starten Urlauber in den Yukon und nach Alaska, außerdem werden Handelsgüter aus aller Welt umgeschlagen. Die besonderen Handelsbeziehungen der Stadt zum asiatischen Raum werden auch in Vancouvers **Chinatown** deutlich, dem nach San Francisco zweitgrößten chinesischen Viertel Nordamerikas. Sehenswert: der »Night Market« am Wochenende.

Von der kosmopolitischen Innenstadt bis zum Sandstrand sind es nur wenige Minuten, aber auch im Herzen der City bieten sich, wie im **Stanley Park**, viele Erholungsmöglichkeiten. Gleichzeitig ist Vancouver der Ausgangspunkt für eine Fahrt zu den landschaftlichen Schönheiten der Westküste: Autofähren verkehren

Queen Charlotte Islands – Vancouver

hinauf zur **Sunshine Coast** oder nach **Vancouver Island**, und entlang der Westküste tummeln sich zwischen Mai und September die Orcas, immer hungrig auf die zahlreich vorhandenen Lachse.

Hotels/andere Unterkünfte
Canada West Accommodations Bed & Breakfast Reservation Service
Die Agentur vermittelt B-&-B-Pensionen in Vancouver, Okanagan Valley, Whistler und Victoria.
Tel. 6 04/9 90-67 30, 1-8 00-5 61-32 23 (gebührenfrei), Fax 9 90-58 76; www.b-b.com

Fairmont Waterfront
⤳ Umschlagkarte hinten, d 4
Das frühere Canadian-Pacific-Hotel befindet sich in traumhafter Lage.
900 Canada Place Way; Tel. 6 04/6 91-19 91, Fax 6 91-19 99; Tel. 1-8 00-4 41-14 14 (gebührenfrei); www.fairmont.com; 484 Zimmer ●●●● CREDIT ♿ 🐾

Bed & Breakfast by Locarno Beach
⤳ Umschlagkarte hinten, westl. a 6
An einer ruhigen Seitenstraße liegt dieses viktorianische Haus. Nur für Nichtraucher. Es wird Deutsch gesprochen. (200 m von Vancouvers längstem Strand entfernt)
4505 Langara Ave.; Tel. 6 04/3 41-49 75; www.locarnobeach.com; 2 Zimmer ●●
✉

Capilano R. V. Park
⤳ Umschlagkarte hinten, nördl. d 1
Große Campinganlage nahe des Grouse Mountain mit Pool und Jacuzzi.
295 Tomahawk Ave.; Tel. 6 04/9 87-47 22, Fax 9 87-20 15; www.capilanorv-park.com; 208 Stellplätze ● MASTER VISA

Spaziergang
Über Georgia Street, Robson Street oder die Beach Avenue. erreicht man von Vancouver »downtown« den 400 ha großen **Stanley Park**, der im Westen durch die **English Bay** und im Osten durch den **Burrard Inlet** eingegrenzt wird. Ende des 19. Jh. wurde dieser Park der Stadt von Lord Stanley geschenkt, heute durchzieht ein 80 km langes Wegenetz die herrlichen Grünanlagen.

Der 10 km lange **Scenic Drive** beginnt am **Coal Harbour** im Osten des Parks und führt zum **Deadman's Island**, einer militärischen Einrichtung. Nach der Marineschule erreichen Sie auf dem **Stanley Park Drive** die Wappenpfähle der Haida- und anderer Küstenindianer, hier liegt auch ein 100 Jahre altes Kanu aus Nootka. In der Nähe des weiter nördlich gelegenen **Brockton Point** feuert die »nine o'clock gun« allabendlich um 21 Uhr einen Kanonenschuss in die Luft – für die Arbeiter der Fischereifabriken war dies früher das Zeichen des Schichtendes.

Zwischen Brockton Point und Aquarium befindet sich eine Replik des Schiffes »Empress of Japan«, das früher zwischen Asien und Kanada verkehrte. Unweit davon passieren Sie das **Aquarium**, wo Delfine, Seeotter und Orcas mehrmals täglich ihre Künste demonstrieren. Die »miniature railway« und ein Restaurantpavillon laden zum Verweilen ein. Nach dem Schiff und dem Aquarium gelangen Sie zum **Beaver Lake**, in dem inmitten von Wasserlilien Reiher und Trompeterschwäne schwimmen und sich Eichhörnchen und Meisen von Hand füttern lassen.

Am **Prospect Point** im Norden des Parks steht ebenfalls ein Totempfahl, den Häuptling Joe Capilano zum Gedenken an das erste Zusammentreffen zwischen den Küstenindianern und George Vancouver schnitzte. Ganz in der Nähe steht der **hollow tree**, eine etwa 1000 Jahre alte hohle Rotzeder, an die sich **Third** und **Second Beach** anschließen. An diesen Sandstränden können Sie baden, aber das in der Nähe des Second Beach gelegene **Meerwasserschwimmbad** hat sicherlich wärmeres Wasser.

Letzter Punkt ist der **Stanley Park Zoo** mit seinem Bärengehege. Kinder dürfen hier Ponyreiten und Tiere streicheln. Von hier erreichen Sie die **Lost Lagoon,** in der ein abends beleuchteter Springbrunnen Schwäne, Enten und Kanadagänse illuminiert.

Der Lagoon Drive führt nun westlich zur **Beach Avenue,** wo Sie entlang der **English Bay** zur **Granville Street Bridge** gelangen, die auf den Hwy 17 führt und nach einer halbstündigen Fahrt an der Vancouver-Island-Fähre in **Tsawwassen** endet.
Dauer: ca. 4 Std.

Sehenswertes
Canada Place
⸺⋗ Umschlagkarte hinten, d 4
Die spektakuläre Hafenanlage in einer erstaunlichen Bauweise ist das neue Wahrzeichen der Stadt. Das Gebäude, das einem riesigen Passagierschiff ähnelt, wurde 1986 anlässlich der Weltausstellung vom Stararchitekten Ed Zeidler fertig gestellt.

Sie sollten Vancouver nicht verlassen, ohne das **Imax-Theater** gesehen zu haben, das sich im Inneren des Gebäudes befindet. Auf einer fünf Stockwerke hohen Leinwand werden wissenschaftliche und Sciencefiction-Filme sowie Dokumentarfilme über Kanada und die USA im 3-D-Format gezeigt. Von der Promenade, die zum gemütlichen Bummel einlädt, hat man schöne Ausblicke auf die Stadt und den Hafen.
Nordende von Burrard St.; tgl. mehrere Vorstellungen; Eintritt Erwachsene 6,40 Can$, Kinder 4,30 Can$

Capilano Suspension Bridge
⸺⋗ Umschlagkarte hinten, nördl. d 1
Auf der mit 140 m längsten Schwebebrücke der Welt können Fußgänger in 100 m Höhe schwingend über den Capilano River spazieren.
3735 Capilano Rd., North Vancouver; tgl. 8 Uhr bis Einbruch der Dämmerung

Chinatown
⸺⋗ Umschlagkarte hinten, e 5
Vancouver hat Nordamerikas zweitgrößte chinesische Gemeinde, die man bei einem Spaziergang zwischen Pender und Main Street erleben kann. In der 578 Carrall Street liegt der **Dr. Sun Yat-Sen Classical Chinese Garden** (Eintritt Erwachsene 3,50 Can$, Kinder 2,50 Can$), ein mit Pagoden, Blumen und Teichen angelegter chinesischer Park. Nach der Besichtigung kann man in einem der zahlreichen kleinen Restaurants die original chinesische Küche genießen.

Gastown
⸺⋗ Umschlagkarte hinten, e 5
Gastown, der ursprüngliche Name Vancouvers, stammt von »**Gassy**« (heiße Luft im Bauch) **Jack Deighton,** der 1867 hier eine Bar eröffnete. Heute reihen sich Restaurants und Geschäfte aneinander. Die Architektur der viktorianischen Zeit, die Cafés im Freien, Märkte und Galerien verleihen diesem Stadtteil eine besondere Note. Besonderes Merkmal von Gastown ist die erste dampfbetriebene Uhr an der Ecke Cambie und Water Street, die alle Viertelstunde pfeifend die Uhrzeit angibt – ein beliebter Treffpunkt.
Gegend um Water St.

Grouse Mountain
⸺⋗ Umschlagkarte hinten, nördl. d 1
Eine Seilbahn und ein Sessellift fahren auf den Gipfel des Grouse Mountain, von wo Sie einen schönen Blick auf Vancouver, den Pazifik und die Berge der Coast Mountains haben. Im Winter laufen die Vancouverites auf dem 1250 m hohen Berg Ski, im **Theatre in the sky** wird mit Multimedia-Effekten die Geschichte Vancouvers von einem Haida-Indianer erzählt.
6400 Nancy Greene Way; tgl. 10–22 Uhr; Fahrpreis der Gondel: Erwachsene 13,95 Can$, Kinder 6,95 Can$

Vancouver Aquarium 👫
⸺⋗ Umschlagkarte hinten, c 3
In dem riesigen Aquarium im Stanley Park tummeln sich 9000 Wassertiere aus arktischen und subtropischen Gefilden. Am beliebtesten sind aber,

besonders bei Kindern, die Orcas, die zu Unrecht als Killerwale bezeichnet werden, denn hier lassen sie sich von Besuchern aus der Hand füttern. Aber auch Delfine, Biber, Haie und Piranhas kann man beobachten.
Im Stanley Park; tgl. 9.30–21 Uhr (im Sommer), sonst 10–17 Uhr; Eintritt Erwachsene 8 Can$, Kinder 5 Can$

Museen
H. R. MacMillan Planetary
⸺⟩ Umschlagkarte hinten, b 5
Im Star Theater des Planetariums werden Besucher mit interessanten Astronomieprogrammen und spektakulären Laservorführungen durch Zeit und Raum transportiert.
1100 Chestnut St.; Vorführungen Di–So 14.30 und 17.30 Uhr; Eintritt Erwachsene 5 Can$, Kinder 2,50 Can$

Maritime Museum
⸺⟩ Umschlagkarte hinten, b 5
Das Museum beleuchtet die Erforschung der Meere und die Entwicklung Vancouvers als Hafenstadt mit weltweiten Handelsbeziehungen. Das Gebäude, erkennbar an einem riesigen Totempfahl der Kwakiutl-Indianer, beherbergt im Museumshafen den hölzernen Zweimastschoner »St. Roch«, ein arktisches Patrouillenschiff, das in den 20er-Jahren die West-Ost-Passage versuchte und scheiterte.
1905 Ogden Ave.; tgl. 10–17 Uhr; Eintritt Erwachsene 4 Can$, Kinder 2,50 Can$

University of British Columbia, Museum of Anthropology
⸺⟩ Umschlagkarte hinten, südwestl. a 6
Auf dem Campus der Vancouver University of British Columbia liegt dieses Völkerkundemuseum, das die größte Sammlung indianischer Kunst- und Gebrauchsgegenstände der Welt beherbergt. In Sammlungen und Ausstellungen wird die Kultur der Haida, Kwakiutl, Salish und anderer Eingeborenenvölker der Nordwestküste beschrieben. In der großen lichtdurchfluteten Halle stehen riesige Totempfähle und Tröge, die einst bei zeremoniellen Versammlungen verwendet wurden. In der Masterpiece Gallery sind Schnitzereien und Schmiedearbeiten aus Gold, Silber, Holz und Stein zu sehen.
6393 Marine Dr.; tgl. außer Mo 11–17, Di bis 21 Uhr (im Sommer); Eintritt Erwachsene 3 Can$, Kinder 1 Can$

Eindrucksvoll-beklemmend: »Raven«, eine Skulptur des Künstlers Bill Reid, im Museum of Anthropology.

British Columbia und die Pazifikküste

Vancouver Art Gallery
⤑ Umschlagkarte hinten, c /d 5

Das Gebäude im neoklassizistischen Stil zeigt Gemälde der berühmten kanadischen Malergruppe »Group of Seven«, zu der auch Emily Carr (1871–1945) mit ihren stimmungsvollen Regenwaldbildern gehörte.
Hornby St./Robson Sq.; Mo-Sa 10–17, Do bis 21, So 12–17 Uhr; Eintritt frei

Vancouver Museum
⤑ Umschlagkarte hinten, b 5

Das Museum im Vanier Park ist der Entwicklung Vancouvers und der Ureinwohner gewidmet und zeigt 300 000 Kunst- und Gebrauchsgegenstände der Küstenindianer und Pioniere, darunter Schmuck und Schnitzereien aus Elfenbein und Jade.
1100 Chestnut St.; tgl. 10–17 Uhr; Eintritt Erwachsene 4 Can$, Kinder 2,50 Can$

Essen und Trinken

Japaner, Inder, Chinesen, Europäer und Afrikaner, sie alle siedelten sich im Verlauf des 19. und 20. Jh. hier an und kultivierten ihre landestypische Küche, so dass Vancouver keinen Mangel an gastronomischer Vielfalt hat.

Kilimandscharo Restaurant and Safari Bistro
⤑ Umschlagkarte hinten, e 5

Sehr bekanntes afrikanisches Restaurant in der historischen Gastown mit für europäische Gaumen ungewöhnlichen Lamm- und Fischgerichten.
332 Water St.; Tel. 6 04/6 81-99 13; abends geöffnet ●●● CREDIT

Pink Pearl
⤑ Umschlagkarte hinten, c 5

Mitten in Downtown gelegenes, original kantonesisches Restaurant, das zu den besten »Chinesen« Vancouvers zählt.
11 32 East Hastings St.; Tel. 6 04/2 53-43 16; ganztägig geöffnet ●● CREDIT

Old Spaghetti Factory
⤑ Umschlagkarte hinten, e 5

Ein preisgünstiger Italiener, bei dem zum Nudel-Menü für etwa 10 Can$ immer eine Suppe oder Vorspeise und ein Nachtisch gehören. Zum Abschluss gibt es obendrein eine Tasse Kaffee oder Tee.
53 Water St., Gastown,
Tel. 604/684-1288; ganztägig geöffnet
● CREDIT

Auf dem leuchtend grünen Rasen der unzähligen kanadischen Golfplätze ist jedermann herzlich willkommen. Von Snobismus keine Spur …

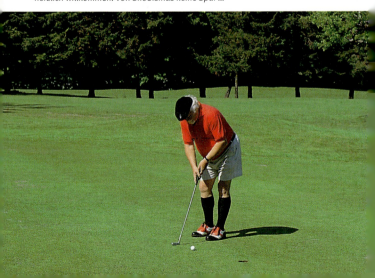

Einkaufen

Golden Berry
···> Umschlagkarte hinten, e 5

In Gastown gelegenes Delikatessengeschäft, das in erster Linie kanadische Spezialitäten wie Räucherlachs und -forelle, Trockenfleisch, Ahornsirup, wilden Reis und getrocknete Pilze anbietet. Schöne Mitbringsel für die Daheimgebliebenen!
407-1660 Barclay St.

Hill's Indian Crafts
···> Umschlagkarte hinten, e 5

Hier gibt es Geschenkartikel wie indianische Kunst und Schnitzereien, echte Cowichan-Indianerpullover, limitierte Drucke, Silber- und Goldschmiedearbeiten sowie Argilit-Skulpturen.
165 Water St., Gastown

Robson Street
···> Umschlagkarte hinten, c/d 4/5

Designerläden, Delikatessengeschäfte und Straßencafés laden zum Besuch ein.

Am Abend

The Jolly Taxpayer
···> Umschlagkarte hinten, c 4

Englisches Pub, einmal wöchentlich Livemusik.
828 W. Hastings St.; Tel. 6 04/6 81-35 74

Service

Auskunft
Vancouver Visitor Info Centre
···> Umschlagkarte hinten, d 5
Plaza Level, 200 Burrard St.;
Tel. 6 04/6 83-20 00, Fax 6 82-68 39;
www.tourismvancouver.com

British Columbia Ferry Corporation
Fährverbindungen werden den Reisenden hier per Telefon bekanntgegeben. Mehrmals täglich verkehren bis zu 38 Schiffe auf 26 Strecken entlang der Küste Vancouvers und via Vancouver Island bis nach Alaska und in die USA.
Tel. 2 50/3 86-34 31; www.bcferries.com

MERIAN-Tipp

9 Whistler Golf Course

Auch wer selbst nicht Golf spielt, sollte sich den vom – unter Golfprofis legendären Spieler – Golfarchitekten Arnold Palmer entworfenen Platz nicht entgehen lassen. Laut »Golf Magazine« ist der Whistler Golfcourse einer der schönsten Plätze der Welt. Wer noch nie in seinem Leben Golf gespielt hat, kann auf der »driving range« oder beim »pitch and putt« Geschmack an diesem Sport finden oder die Fairways umwandern.
···> S. 117, E 19

Ziele in der Umgebung

Squamish ···> S. 117, E 19/20

Die ehemalige Minenstadt bietet zahlreiche Outdoor-Aktivitäten wie Bergsteigen, den West Coast Heritage Trail und die Shannon Falls an. Beliebt sind auch das Minenmuseum und der Stawamus Chief, ein riesiger Monolith aus Granit, an dem sich Freeclimber messen.
60 km nördl. von Vancouver

Whistler ···> S. 117, E 19

Für die Vancouverites ist das gepflegte Bergdorf Whistler, nur 120 km nordöstlich der Metropole am Hwy 99 gelegen, das neue Sommer- und Winterurlaubsgebiet. Während der Sommermonate spielt man auf dem **Whistler Golf Course** (→ MERIAN-Tipp, S. 65), wandert entlang grüner Flüsse, fährt mit dem Mountainbike auf den Blackcomb Mountain oder wedelt die Hänge des Sommerskigebiets hinab. Im Winter werden Heliskiing und Ballonfahrten angeboten, oder man genießt einfach eine der herrlichen Skipisten des Gebiets.

British Columbia und die Pazifikküste

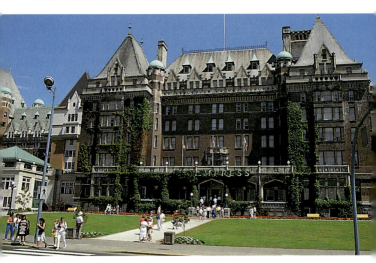

Wem die Übernachtung im Luxushotel Fairmont Empress zu teuer ist, sollte zumindest mal zum »five o'clock tea« vorbeischauen – viktorianisches Feeling garantiert!

Der große **Garibaldi Provincial Park** östlich von Whistler mit dem 2891 m hohen **Wedge Mountain** ist der Ausgangspunkt für unzählige Trails entlang von Seen und Flüssen, an deren Verlauf etliche schöne Campingplätze liegen.

120 km nördl. von Vancouver

HOTELS/ANDERE UNTERKÜNFTE
Fairmont Chateau Whistler
Mitten im Ort an der Seilbahnstation liegt dieses edle Resort der Fairmont-Gruppe. Das Hotel bietet allen Komfort, den man sich nach einem anstrengenden Tag auf den Skipisten oder beim Wandern wünscht: Sauna, Tennisplätze, Frei- und Hallenbad oder einfach nur gemütlich am Kamin sitzen.
4599 Chateau Blvd.; Tel. 6 04/9 38-80 00, 1-8 00-6 06-82 44 (gebührenfrei), Fax 9 38-20 99; www.fairmont.com; 550 Zimmer ●●●●

Renoir's Winter Garden
Sehr schönes Bed & Breakfast-Hotel außerhalb des quirligen Whistler mit Blick auf den Wald und mit hervorragendem Frühstück. Ganz in der Nähe der Skihänge.
3137 Tyrol Crescent; Tel. 6 04/9 38-05 46, Fax 9 38-05 47; www.dualmountain.com/renoir; 5 Zimmer ●●

ESSEN UND TRINKEN
Durlacher Hof Pension Inn
Gemütliches österreichisches Hotelrestaurant, 1 km nördlich von Whistler gelegen, das alpenländische Spezialitäten auftischt. Die Pension bewirtet in der Regel nur Hotelgäste, größere Gruppen bis 16 Personen können allerdings auch gegen Voranmeldung hier essen.
7055 Nesters Rd., Box 1125; Tel. 6 04/9 32-19 24, 1-8 77-9 32-19 24 (gebührenfrei), Fax 9 38-19 80; www.durlacherhof.com; 8 Zimmer ●●●

SERVICE
Auskunft
Whistler Visitor Info Centre
4230 Gateway Dr.; Tel. 6 04/9 32-59 22, Fax 9 32-37 55; www.whistlerchamber.com

Victoria

⇢ S. 117, E 20

330 000 Einwohner
Stadtplan → S. 67

Die Hauptstadt der Provinz im Süden von Vancouver Island macht ihrem englischen Erbe alle Ehre. Doppeldeckerbusse kurven durch die Stadt, Pferdedroschken kutschieren Touristen vorbei an gepflegten Parks. Durch das besonders milde Klima herrscht in Victoria fast das ganze Jahr über eine reiche Vegetation. Im Januar blühen bereits die ersten Krokusse, und erst im Dezember fallen die letzten Blätter von überall vorhandenen Rosenstöcken. Der schönste Park Victorias ist **Butchart Gardens**, der im Jahr 1904 von der Familie Butchart angelegt wurde (→ S. 69).

Einkaufen macht in der wunderschön restaurierten Altstadt besonders Vergnügen, denn von originellen Geschenkartikeln bis zu Antiquitäten bekommen Sie alles, was das Herz begehrt. Der »five o'clock tea« im renovierten **Fairmont Empress Hotel** gehört zum Standardprogramm eines Kanada-Aufenthalts (reservieren!). Darüber hinaus ist Victoria Ausgangspunkt für eine Wanderung an den Sandstränden des **West Coast Trail** und für das Skigebiet des Mount Washington im **Strathcona Provincial Park**. Der Hwy 1, später Hwy 19, führt von Victoria nach Port Hardy im Norden von Vancouver Island.

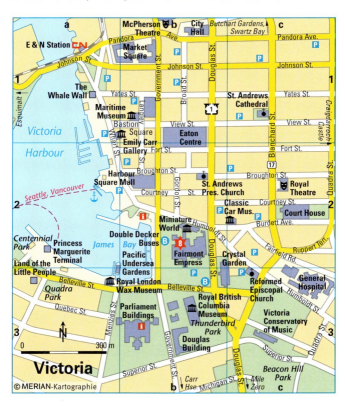

Am Long Beach im Pacific Rim National Park können Kanuten ihrem Hobby nach Herzenslust frönen.

HOTELS/ANDERE UNTERKÜNFTE

Fairmont Empress ⋯› S. 67, b 2
Könige, Minister, Topmanager, die Showprominenz – sie alle steigen gerne in diesem edlen Hotel ab. Angeschlossen ist der Crystal Garden, wo an Springbrunnen exotische Vögel sitzen.
721 Government St.; Tel. 2 50/3 84-81 11, 1-8 00-4 41-14 14 (gebührenfrei), Fax 3 89 27 47; www.fairmont.com; 477 Zimmer ●●●● CREDIT

Craigmyle Bed & Breakfast Inn
⋯› S. 67, östl. c 2
Etwa 1 km östlich vom Hafen am Craigdarroch Castle gelegene Bed & Breakfast-Pension in ruhiger, grüner Umgebung. Zum Frühstück wird ein kräftiges »english breakfast« serviert. Nur für Nichtraucher.
1037 Craigdarroch Rd.; Tel. 2 50/5 95-54 11, Fax 3 70-52 76, 1-8 88-5 95-54 11 (gebührenfrei); www.bctravel.com/craigmyle.html; 17 Zimmer ●● CREDIT

SEHENSWERTES

Beacon Hill Park ⋯› S. 67, c 3
Der 70 ha große Park besteht aus Ententeichen, Blumenbeeten und zahlreichen Picknickplätzen. Von hier aus hat man einen schönen Blick auf die **Olympic-Halbinsel** und die Meeresstraße von **Juan de Fuca**.

Craigdarroch Castle
⋯› S. 67, östl. c 2
Das abends schön erleuchtete Castle ist ein Meisterwerk viktorianischer Architektur und gilt heute als ein Wahrzeichen von Victoria. Der Kohlemagnat Dunsmuir ließ das Gebäude mit seinen 39 Zimmern 1890 errichten.
1050 Joan Crescent; 16. Juni–7. Sept. tgl. 9–19, 8. Sept–15. Juni tgl. 10–16.30 Uhr; Eintritt 7,50 Can$

Pacific Undersea Gardens
⋯› S. 67, a/b 2/3
Neben Parliament Buildings und Wax Museum befindet sich ein unterirdi-

sches Aquarium, in dem Sie einen riesigen Oktopus beobachten können.
490 Belleville St.; Mai–Sept. tgl. 9–21, Okt.–April tgl. 10–17 Uhr; Eintritt Erwachsene 7 Can$, Kinder 3,50 Can$

Parliament Buildings ⤐ S. 67, b 3
Das wuchtige Gebäude, 1897 zum Gedenken an Königin Viktorias diamantenes Jubiläum fertig gestellt, wird abends mit tausenden von Glühbirnen stimmungsvoll erleuchtet.
501 Belleville St., schräg gegenüber vom Fairmont Empress Hotel

Museen

Maritime Museum 👨‍👧 ⤐ S. 67, b 1
Mit Schwertern, Kanonen, Gallionsfiguren, Walknochen und Schiffsrepliken wird die maritime Entwicklung der Westküste demonstriert.
28 Bastion Sq.; Tel. 2 50/3 85-42 22; tgl. 9.30–16.30 Uhr; Eintritt Erwachsene 5 Can$, Kinder 1,50 Can$

Royal British Columbia Museum
⤐ S. 67, b 3
Das schönste Museum Victorias beschreibt die prähistorische und Völkergeschichte der Provinz mit Ton- und Lichteffekten. Zu sehen sind ein nachgebauter »Straßenzug der Jahrhundertwende«, ein lebensgroßes Mammut und die Schnitzarbeiten der Indianer.
675 Belleville St.; Tel. 2 50/3 87-21 34; tgl. 9–17 Uhr; Eintritt Erwachsene 7 Can$, Kinder 2 Can$

Royal London Wax Museum
⤐ S. 67, a/b 3
In über 200 verschiedenen Wachsfiguren wurden das britische Königshaus und Stars aus Film, Musikszene und Fernsehen nachmodelliert.
470 Belleville St.; Dez.–Feb. 10–16, März–Mai 9.30–17, Juni–Aug. 9–19.30, Sept.–Nov. 9.30–17 Uhr; Eintritt Erwachsene 7,50 Can$, Kinder 3 Can$

Essen und Trinken

Spinnaker's ⤐ S. 67, nordwestl. a 1
Von der Sonnenterrasse dieses Restaurants mit hauseigener Brauerei, direkt am Hafen gelegen, genießt man bei Fisch- und Steakgerichten einen schönen Blick auf die ein- und auslaufenden Jollen.
308 Catherine St.; Tel. 250/836-Brew; ganztägig geöffnet ●● CREDIT

Einkaufen

Hill's Indian Crafts ⤐ S. 67, b 2
Das Geschäft verkauft indianische Produkte wie Cowichan-Strickwaren, Körbe aus Nootka-Gras, Eingeborenenschmuck, Mokassins, Masken und kleine Totempfähle.
910 Government St.

Am Abend

Christie's Carriage House Pub
⤐ S. 67, östl. c 2
Gemütliches englisches Pub, das mit zwölf Biersorten vom Fass aufwartet; dazu gibt es kleine Snacks wie Austern und Calamari.
1739 Fort St.

Service

Auskunft
Victoria Visitor Info Centre
⤐ S. 67, b 2
812 Wharf St., Tel. 2 50/9 53-20 33, 1-8 00-6 63-38 83 (gebührenfrei), Fax 3 82-65 39; www.tourismvictoria.com

British Columbia Ferry Corporation
→ S. 65

Ziel in der Umgebung

Butchart Gardens
⤐ S. 117, E 20

Der etwa 20 ha große Park zeigt in unterschiedlichen Motivgärten die größte Blumenschau Kanadas.
800 Benvenuto Ave.; Tel. 2 50/6 52-44 22; im Sommer tgl. 9–22.30, sonst tgl. 9–16 Uhr; Eintritt Erwachsene 15,50 Can$, Kinder 2 Can$

22 km nördl. von Victoria

Yukon Territory

Mitternachtssonne, weites Land, der Ruf der Wildnis – der Nordwesten steht für Abenteuer!

Wer sich nichts Schöneres vorstellen kann als stille, unberührte Natur, ist im hohen Norden genau richtig.

Der Lockruf des Goldes sorgte Ende des 19. Jh. für die erste Besucherschwemme im nordwestlichen Territorium Kanadas, das seinen Namen vom Yukon-Fluss erhalten hat. Auch heute noch ist der Yukon eine unvorstellbare Wildnis mit gewaltigen Gebirgen, mit Wäldern von endloser Weite, mit Gletschern und Strömen, die scheinbar im Nirgendwo entspringen und in menschenleeren Gegenden münden. Natur, Einsamkeit und Stille, mit einer Tierwelt bevölkert, die ihresgleichen sucht auf dem nordamerikanischen Kontinent: Elche und Bären, Wölfe und Karibus, Biber, Wildgänse und der Fischreichtum der Gewässer, der jedem Sportangler das Herz höher schlagen lässt. Der Region zwischen der **Beaufort Sea** am nördlichen Polarkreis und British Columbia im Süden wohnt ein unbeschreiblicher Zauber inne.

Auf der Reise durch den Yukon stößt man noch in unserer Zeit überall auf Überreste aus der Goldrauschzeit: verlassene Städte, einsame Hütten und sorgfältig restaurierte Schaufelraddampfer, die kurze Rundfahrten anbieten.

Das Yukon ist ein Paradies für Wanderer, Kletterer und Bergsteiger. Auf verschiedenen Wanderwegen lässt sich die von Gebirgen und Hügelketten durchzogene Landschaft der Provinz, die mit 500 000 qkm fast eineinhalbmal so groß ist wie Deutschland, aber nur 30 000 Einwohner hat, am besten erkunden. Der bekannteste ist der **Chilkoot Trail**, den die Goldsucher nahmen, wenn sie mit dem Schiff in Skagway, Alaska, ankamen, bevor sie an den Ufern des Lake Lindemann oder Lake Bennett auf Heckraddampfer umstiegen, die sie zu den Goldfeldern von **Klondike** brachten. Die Wanderung führt durch die Regenwälder über alpine Wiesen bis hinauf zum 1122 m hohen **Talus Rock** und dann wieder hinab an mehreren malerischen Seen vorbei nach Bennett.

Ein besonderes Erlebnis verspricht dabei die Beobachtung der Tierwelt von einer Wildnis-Lodge aus: Viele der 254 Vogel-, 100 Säugetier- und 38 Fischarten kommen nur in der Arktis vor. Mit etwas Glück lassen sich auch seltene Greifvögel, Grizzly- und Schwarzbären, Luchse und Wölfe erblicken.

Mit moderner Ausrüstung und guter Kondition ist die einst gefürchtete Passage heute in drei bis fünf Tagen zu bewältigen.

Von British Columbia aus erreicht man den Yukon mit dem Auto oder Campmobil über den **Alaska Highway**, der ebenso bekannte **Dempster Highway** führt weit über den Polarkreis hinaus. Man muss im Yukon oft noch mit Schotterstraßen rechnen, so genannten »gravel roads«. Ein Gitter vor dem Autofenster (und eine zusätzliche Glasversicherung) ist daher ratsam (manche Autovermieter verleihen keine Fahrzeuge in den Yukon), und man sollte sich vorher nach den Tankstellen erkundigen, die oft hunderte von Kilometern auseinanderliegen.

Dawson City ⇢ S. 110, B 5
2000 Einwohner

Für Jack London war es das Paris des Nordens, und der Ruf der Wildnis lockt auch heute noch zahlreiche Besucher, auch wenn Gold keine Rolle mehr spielt. Die Geschichte von Dawson City ist eine Geschichte der Visionen und Sehnsüchte. Für einen kurzen Zeitraum – Höhepunkt war 1890 – verwandelte sich ein unbekannter Fleck auf dem **Klondike-Plateau** in die größte Stadt westlich von Winnipeg und nördlich von San Francisco.

Auf dem Höhepunkt des Goldfiebers wuchs die damalige Hauptstadt des Yukon bis auf 30 000 Einwohner. Die Sitten im einstigen »Paris des Nordens« waren rau und das Nachtleben

Yukon Territory

legendär. Besucher fühlen sich zuweilen in Jack Londons Abenteuerroman »Ruf der Wildnis« zurückversetzt. In den Minen wird noch gearbeitet, und Gold ist auch heute noch ein wichtiger Bestandteil der Wirtschaft des Landes. Die ersten Goldfunde werden alljährlich Mitte August bei den **Discovery Days** gefeiert. Bis heute wurde in Dawson City für über 500 Millionen Dollar Gold geschürft.

Einen herrlichen Blick über die Stadt und die Schürfstellen der Umgebung hat man vom **Midnight Dome**. Von hier oben kann man die Sehenswürdigkeiten der alten Goldgräberstadt ausmachen: das Dawson Hardware Museum, die Robert Service Cabin und das Dawson City Historical Museum. Während **Diamond Tooth Gertie's** Spielhölle, das **Flora Dora Hotel**, das Postbüro und ein Modeladen restauriert wurden, verkommen andere Gebäude.

Um sich in die richtige Stimmung für diese Stadt zu bringen, sollte man sich am besten abends mit einem Gedichtband von **Robert W. Service** (1874–1958), der für seine Balladen über den Yukon bekannt ist, auf den Midnight Dome setzen.

Hotels/andere Unterkünfte

Triple »J« Hotel
Neben Diamond Tooth Gertie's Spielhalle gelegenes Hotel mit Bar und Pizzeria. Zimmer mit einer kleinen Küche.
Box 359, 5th Ave./Ecke Queen St.; Tel. 8 67/9 93-53 23, gebührenfrei 1-8 00-7 64-35 55; Fax 9 93-50 30; www.triplejhotel.com; April–Sept. geöffnet; 47 Zimmer ●● CREDIT

Sehenswertes

Free Claim # 6
Wer selbst einmal die Erfahrungen des Goldsuchens machen möchte, kann sich mit einem der Gold-Panning-Anbieter auf die Suche begeben. Fündig wird jeder: Der Boden ist mit Katzengold präpariert.
Gold City Tours; Tel. 8 67/9 93-55 75, Fax 9 93-64 15; www.dawsoncity.ca

Jack London Cabin
In diesem Haus lebte und arbeitete der berühmte Autor von »Wolfsblut« und »Ruf der Wildnis« für kurze Zeit. Heute finden hier Lesungen aus seinen Werken statt.
8th Ave.; Tel. 8 67/9 93-63 17, Fax 9 93-64 15; www.dawsoncity.ca; von Mai–Sept. tgl. 10–18, Lesungen 13 Uhr; Eintritt frei

Die im Yukon Territory ansässigen Inuit stellen kunstvoll geschnitzte Objekte aus Materialien wie Speckstein, Walwirbelknochen und Elfenbein her.

Yukon Queen
Die »Yukon Queen« schippert eineinhalb Stunden auf dem Yukon, auf Pleasure Island gibt's Kaffee und Muffins.
Front St.; Tel. 8 67/6 68-32 25, Fax 6 67-44 94; Mai–Sept. Abfahrt tgl. 13 Uhr; Erwachsene 35 Can$, Kinder 17,50 Can$

Museen
Dawson City Historical Museum
Hier befinden sich Ausstellungsstücke aus der Zeit des Goldrauschs und des Baus der Eisenbahn. Außerdem informiert das Museum über die Kultur und Lebensweise der einst hier ansässigen Han-Indianer.
5th Ave.; Tel. 8 67/9 93-52 91, Fax 9 93-58 39; www.gold-rush.org; Victoria Day–Labour Day tgl. 10–18 Uhr; Eintritt Erwachsene 3,50 Can$, Kinder 2,50 Can$

Essen und Trinken
Klondike Kate's Restaurant
In einem der ältesten Gebäude der Stadt (1904) gegenüber vom Palace Grand Theatre werden besonders schmackhafte Forellen serviert.
1102 3rd st; Tel. 8 67/9 93-65 27, Fax 9 93-60 44; www.klondikekates.ca; Mai–Sept. tgl. 7–23 Uhr ●●

Am Abend
Diamond Tooth Gertie's Gambling Hall
Während auf »Diamantenzahn Gertie's« Bühne Cancan-Tänze aufgeführt werden, versuchen sich die Goldgräber von heute an den einarmigen Banditen und beim Black Jack.
4th Ave./Ecke Queen St.; Tel. 8 67/9 93-55 75, Fax 9 93-64 15; www.dawsoncity.ca; Mai–Sept. tgl. 19–2 Uhr; Eintritt 6 Can$

Gaslight Follies
Die Revue in dieser »music hall« erinnert an die Zeiten des Goldrauschs.
King St.; Tel. 8 67/9 93-62 17, Fax 9 93-64 15; www.dawsoncity.ca; Mai–Sept. Beginn 20 Uhr;
Eintritt 16–20 Can$

Legendäres Nachtleben in Goldgräbertradition: Diamond Tooth Gertie's Gambling Hall.

Service
Auskunft
Yukon Visitors Reception Centre
Front St./King St.; Tel. 8 67/9 93-55 66; Mitte Mai–Mitte Sept. tgl. 8–20 Uhr

Ziele in der Umgebung

Dempster Highway (Hwy 5) ⤑ S. 108, B 4

Die einzige Straße Nordamerikas, die den Polarkreis durchquert, beginnt östlich von Dawson City, führt an den Ogilvie Mountains vorbei ins Mackenzie-Delta und hinauf zur Inuit-Siedlung Inuvik. Nach 300 km passiert man die Grenze zum nördlichen Polarkreis. Hier wartet ein grandioses Panorama: Das **Richardson-Gebirge** erhebt sich majestätisch aus der menschenleeren arktischen Tundra. Insgesamt ist der Highway über 700 km lang. Achtung: nur eine Tankstelle auf der gesamten Strecke!
30 km östl. von Dawson City

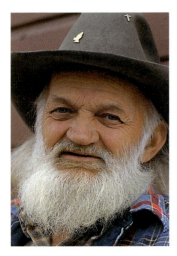

Urig? Rückständig? Oder einfach fotogen? Auf jeden Fall haben sich die Menschen im Yukon den Pioniergeist alter Tage erhalten.

Top of the World Highway ⇢ S. 110, B 5

Eine der faszinierendsten Routen im nördlichen Kanada führt von Dawson City über diesen Highway, der allerdings nur in den Sommermonaten befahrbar ist. Die Reise geht von Dawson City nach **Tetlin Junction** in Alaska, führt dann über den Alaska Highway nach **Beaver Creek**, von dort geht es längs des **Kluane National Park**, in dem Kanadas höchster Berg **Mount Logan** (6050 m) liegt, bis Haines Junction. Die Tour endet in Whitehorse. Die Rundreise ist etwa 950 km lang; ein bis zwei Wochen sollte man einplanen.

Whitehorse ⇢ S. 110, C 7

24 000 Einwohner

Whitehorse löste 1953 Dawson City als Hauptstadt des Territoriums ab. Zwischen den beiden Städten Dawson City und Whitehorse gab es seit jeher eine erbitterte Rivalität, doch während Dawson City reiche Goldfunde vorweisen konnte, war Whitehorse lediglich der Ausgangspunkt für die vielen Goldschürfer, die möglichst schnell nach Dawson kommen wollten.

Die Stadt steht an der Stelle des **Yukon River,** an der damals hunderte von Schiffen in den unvermutet auftauchenden Stromschnellen havarierten. Als um 1900 die White Pass und Yukon Railroad fertig ausgebaut worden war, nahm Whitehorse an Bedeutung für das Servicegewerbe zu. Zuvor bestand der Ort lediglich aus einer Ansammlung von Zelten und einer hölzernen Tramlinie. Die verwegenen Golddigger mussten zu Fuß von hier aus über gefährliche Pässe und Gletscher, denn der **Miles Canyon** in Whitehorse war für Boote wegen der Stromschnellen praktisch unbefahrbar. Erst 1958 wurde dieser Canyon durch einen Staudamm gezähmt.

Durch den Bau des **Alaska Highway,** der für den Nachschub amerikanischer Truppen im Kampf gegen die Japaner im Zweiten Weltkrieg fertig gestellt wurde, erlangte die Stadt Bedeutung. Die moderne Stadt ist heute vor allem Ausgangspunkt für ausgedehnte Reisen in das stille, unentdeckte Yukon Territory. Interessant sind in Whitehorse vor allem das **MacBride Museum** (über die Geschichte des Goldfiebers), der **Indian Burial Ground,** wo kleine Häuschen über den Gräbern die Geister der Toten beherbergen, und die **Old Log Church,** die ehemalige Kathedrale des Yukon, eine aus Baumstämmen errichteten Kirche, die heute ein kleines Museum beherbergt. Whitehorse hat ein sehr hartes Klima: Nur gute 100 Tage im Jahr sind frostfrei.

Hotels/andere Unterkünfte
Westmark Klondike Inn
Downtown gelegenes Hotel mit Restaurant und »coffee shop«, Sauna.

Top of the World Highway – Whitehorse

2288-2nd Ave.; Tel. 8 67/6 68-47 47, 1-8 00-5 44-09 70 (gebührenfrei), Fax 6 67-76 39; www.westmarkhotels.com; 99 Zimmer ●●● CREDIT ♿ 🐾

Sehenswertes
M.V. Schwatka 🍴
Eine zweistündige Bootsfahrt mit dem Schaufelraddampfer »M. V. Schwatka« durch den **Miles Canyon** führt längs des historischen **Goldrush Trail** von 1898 zum Lake Laberge und dem Schwatka-Staudamm. Der Miles Canyon war für zahlreiche Goldgräber das frühe Ende ihrer Suche. Heute hat der Staudamm den Fluss beruhigt.
Bootsfahrten Mai–Sept. Abfahrt: 2 Uhr Dinner Couise: 7 Uhr, Buchung über Agenturen; Tel. 8 67/6 68-47 16, Fax 6 33-55 74; www.landair.ca; Fahrpreis Erwachsene 12 Can$, Kinder 6 Can$

Museen
Old Log Church Museum
Die 1900 gebaute einstige Kathedrale dient heute als Museum, in dem das Leben der Ureinwohner, die Zeit des Goldrausches und der Bau des Alaska Highways anschaulich dokumentiert werden.
330 Elliot St.; Tel. 8 67/6 68-25 55, Fax 6 67-62 58; E-Mail: logchurch@yknet. yk.ca; Mai–Labour Day Mo–Sa 9–18, So 12.30–16 Uhr; Eintritt frei, Spenden erwünscht

Essen und Trinken
Klondike Rib&Salmon BBQ
In einem der ältesten Gebäude von Whitehorse werden nordamerikanische Spezialitäten wie Karibu, Bison, Stör und Lachs serviert. Alles frisch vom Grill.
2116 2nd Ave.; Tel. /Fax 8 67/6 67-75-54; tgl. ganztägig geöffnet ●●● CREDIT

Am Abend
Frantic Follies Vaudeville Revue 🍴
Seit 25 Jahren erzählt diese erfolgreiche Musikrevue jeden Abend von den »good old days« des Goldrauschs.
2nd Ave./Wood St. (im Westmark Whitehorse Hotel); Tel. 8 67/6 68-97 00, Fax 6 33-27 89; Mai–Sept. tgl. geöffnet; Eintritt 20 Can$

Service
Auskunft
Yukon Visitors Reception Centre
2nd Ave./Hanson St.; Tel. /Fax 8 67/6 63-35 09; www.travelyukon. com; Mitte Mai–Mitte Sept. tgl. 8–20 Uhr

Die »MS Klondike«, ein alter Schaufelraddampfer, liegt in der Nähe von Whitehorse auf dem Trockenen.

Der Kluane National Park zählt zu den besonders geschützten Gebieten der Welt.

Ziele in der Umgebung

Kluane National Park
⇢ S. 110, B 7

Der Alaska Highway führt zwischen Haines Junction und Destruction Bay an diesem Park und den Kluane Ranges vorbei. Als »World Heritage Site« gilt der Park mit seiner Wildnis, den Gletschern, Felsen und der vielfältigen Tierwelt als besonders schützenswertes Naturgebiet. Der Park ist nur zum Teil durch »hiking trails« erschlossen und kann nicht mit dem Wagen durchfahren werden.

In Haines Junction informiert die **Kluane National Park Reserve** (Tel. 867/6 34-72 07; im Sommer tgl. 8.30–21.30, im Winter bis 16.30 Uhr) über Flora und Fauna des Gebiets, in dem der **Mount Logan**, mit 6050 m Kanadas höchster Berg, liegt. Nicht ganz billige, aber bei gutem Wetter lohnende Alternative: ein Rundflug über den Nationalpark.

Alaska Hwy nach Haines Junction, 158 km von Whitehorse

Miles Canyon
⇢ S. 110, C 7

Am Miles Canyon zwängt sich der Yukon unter einer Hängebrücke durch die enge Schlucht. Die reißende Strömung kostete viele Goldsucher das Leben, als sie versuchten, hier mit dem Schiff nach Dawson City durchzukommen. Mittlerweile beruhigt ein Staudamm den Fluss. Die Conservation Society bietet Ausflüge mit Bus oder Pferdekutsche zum Miles Canyon und dem Schwatka Lake Dam an.

40 km von Whitehorse

Takhini Hot Springs
⇢ S. 110, C 7

Die heißen Quellen inmitten einer schönen Berglandschaft laden ganzjährig zum Baden ein. Das Thermalwasser wird von unterirdischen vulkanischen Quellen gespeist. Das Baden macht allerdings müde, und am besten verbringt man die Nacht danach auf dem nahen Campground.

Klondike Hwy, 9,6 km nördl. von Whitehorse

AMERIKAS SONNENSEITE.

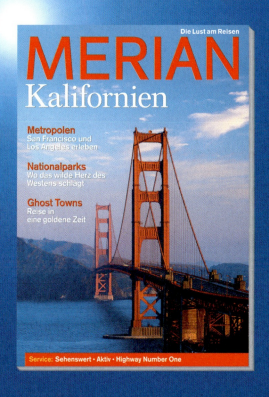

Endlose Strände und legendäre Highways, glitzernde Traumfabrik und grandiose Natur, Hipness und Hippies – erleben Sie den amerikanischen Traum! MERIAN bietet Reportagen von exzellenten Fotografen und den besten Autoren der Welt – mit aktuellen Informationen, nützlichen Tipps und umfangreichem Kartenmaterial. Für anspruchsvolle Reisende, die das Erlebnis für alle Sinne suchen. **IM GUTEN BUCH- UND ZEITSCHRIFTENHANDEL ODER UNTER TELEFON 040/87 97 35 40 UND WWW.MERIAN.DE**

MERIAN
Die Lust am Reisen

Routen und Touren

Wer auf dem Alaska Highway durch das Yukon Territory tourt, ist dem (Urlaubs-)Traum von der großen Freiheit dicht auf den Fersen.

Mit einem Campmobil quer durch den Westen Kanadas zu fahren ist die ideale Urlaubsform, um einen umfassenden Eindruck von diesem reizvollen Stück Erde zu erhalten.

Alberta und British Columbia – Traumreise durch eine Bilderbuchlandschaft

Charakteristik: Die große, klassische Rundreise mit Campmobil und Schiff ist ideal für alle »Kanada-Einsteiger«: Sie vermittelt einfach gigantische Eindrücke. **Einkehrmöglichkeiten:** auf dem Yellowhead Hwy nur in größeren Ortschaften, ansonsten auf der gesamten Wegstrecke; **Dauer:** Rundreise mit Wagen und Schiff von/nach Calgary etwa 4 Wochen (davon 2 Tage Fährpassage); **Länge:** 3500 km, wenn die Tour in Vancouver beginnt, etwa 2500 km; **Karte:** ⤳ Umschlagkarte vorne (orange)

Tiefblaue und türkisfarbene Seen, das größte zusammenhängende Eisfeld der Rocky Mountains, 3000 m hohe Berge, Indianerdörfer und Spuren der Urzeit, gewaltige Gletscherzungen und rauschende Wasserfälle – diese eindrucksvolle Rundreise durch den Westen Kanadas empfiehlt sich besonders für Reisende, die zum ersten Mal nach Westkanada kommen. Um einen ersten Eindruck dieses riesigen Landes zu erhalten, passiert man bei dieser Tour alle Sehenswürdigkeiten der Region und lernt die Kultur der Inuit und Indianer kennen. Und mit Bären, Adlern, Walen und Delfinen begegnet man vielen Tieren.

Die Reise beginnt in **Calgary**, wo man im Süden das Leben der Prärie-Indianer kennen lernen oder im Nordosten auf den Spuren der Dinosaurier wandeln kann. Weiter geht es über den **Trans Canada Highway** (Hwy 1) durch das Weingebiet des **Okanagan Valley**, eventuell mit einem kleinen Abstecher nach Central British Columbia. Von dort führt die Reise nach **Vancouver** und **Victoria**, wo im Norden von Vancouver Island die Fähre nach Alaska startet. In **Prince Rupert** sollte man die Fähre verlassen und nach einem kurzen Trip zu den Haida-Indianern auf den **Queen Charlotte Islands** den **Yellowhead Highway** Richtung Rocky Mountains nehmen. Von **Jasper** führt der Weg über die Traumstraße **Icefields Parkway** (→ S. 85) und den **Banff National Park** nach Süden, um letztlich wieder in Calgary zu enden.

Ein erholsamer Stopp empfiehlt sich am Bow Lake im Banff National Park.

Südliches Alberta – die Faszination der indianischen Kultur

Charakteristik: Wer sich für die Traditionen der kanadischen Ureinwohner interessiert, kommt bei diesem Trip voll auf seine Kosten. **Einkehrmöglichkeiten:** auf der gesamten Wegstrecke; **Dauer:** 3 Tage; **Länge:** ca. 350 km inkl. Rundkurs; **Karte:** ⟶ Umschlagkarte vorne (braun)

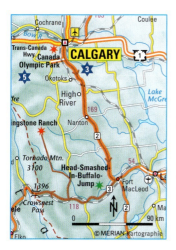

Ausgangspunkt ist **Calgary**. Hier sollte man unbedingt das **Glenbow Museum** mit seiner umfangreichen indianischen Sammlung besuchen. Der nächste Halt ist **Fort MacLeod** mit seinem restaurierten Fort aus der Zeit kurz vor der Jahrhundertwende. Das im Jahre 1957 eingerichtete Museum (25th/3rd Ave., geöffnet Mai bis Mitte Okt. tgl. 9–20 Uhr; Eintritt 5 Can$) repräsentiert das 1874 errichtete Fort der North West Mounted Police und den ersten Außenposten im Süden Albertas. Die Stadt verdankt ihre Entstehung dem Whiskeyschmuggel: Amerikanische Händler trieben um 1870 einen schwunghaften Handel mit den umherstreifenden Prärie-Indianern, vor allem mit den Blackfoot: Whiskey gegen Bisonhäute. Nicht weit entfernt liegt **Head-Smashed-In-Buffalo-Jump**, ein Ort, an dem indianische Stämme jahrtausendelang bei der Jagd Büffel über eine Steilklippe zu Tode trieben.

Wer weiter nach British Columbia fahren will, benutzt den landschaftlich sehr schönen Highway 3 über den **Crowsnest Pass**. Auf halber Strecke liegt die kleine Minen-Stadt **Frank**, die 1903 durch einen Erdrutsch vollkommen vernichtet wurde. Ungewöhnliche Gesteinsformationen, die **Hoodoos**, liegen östlich von Calgary, ebenso wie das **Tyrrell Museum of Palaeontology**, wo man den Spuren der Dinosaurier folgen kann. Wer alte Minen und »ghosttowns«, heute verlassene Siedlungen, erkunden möchte, macht sich auf den rund 140 km langen Rundkurs: Man verlässt den Highway 3 und fährt über die Straßen 22, 517 und 940 zur **Livingstone Ranch**. Diese empfehlenswerte Tour bietet wundervolle Ausblicke auf die Berge und die **Foothills**.

Das größte Rodeo der Welt, der Calgary Stampede, ist ein Besuchermagnet.

Central British Columbia – ein Streifzug durch Kanadas Pionierzeiten

Charakteristik: Spektakuläre Natur und die Geschichte des Goldrauschs stehen im Mittelpunkt dieser Fahrt durch den äußersten Westen. **Einkehrmöglichkeiten:** auf der gesamten Wegstrecke; **Dauer:** 1 Woche (davon 2 Tage auf der Fähre); **Länge:** ca. 1500 km; **Karte:** ⇢ Umschlagkarte vorne (violett)

Empfehlenswert ist eine Fahrt in die **Cariboos**, mit dem Zentrum **Williams Lake** (Rodeo zum Canada Day, Anfang Juli), und ein Besuch von **Barkerville**, das in den Zeiten des Goldrauschs um die vorletzte Jahrhundertwende eine große Rolle spielte. Der Ort ist heute als Museumsdorf wieder hergerichtet. Weiter östlich liegt der wunderschöne **Wells Gray Provincial Park**, in dem die **Helmcken Falls** donnernd in die Tiefe rauschen.

Sehr viel Natur erlebt man auch auf der Strecke von Williams Lake über den Highway 20 nach Bella Coola durch den fast 10 000 qkm großen, völlig unbesiedelten **Tweedsmuir Provincial Park**. Die Straße ist nicht in allerbestem Zustand, dafür werden Sie allerdings mit sehr viel Einsamkeit und mit Wildbeobachtungen – zum Beispiel äsenden Elchen – belohnt.

Wer das Fährschiff in **Prince Rupert** für die **Inside Passage** (→ S. 89) erreichen will, fährt von **Prince George** über den Highway 16 nach Prince Rupert. Ein Abstecher nach **Fort St. James**, einem restaurierten Fort aus der Zeit des Pelzhandels, ist sehr empfehlenswert (Highway 27 von Vanderhoof). Reizvoll erscheint auch ein zweitägiger Aufenthalt in den **Hazeltons**, wo man bei den Indianern die Kunst des Totempfahlschnitzens lernen und sich über die lange Tradition dieses Handwerks informieren kann. Im **Ksan Historic Indian Village** erfährt man, was die Skulpturen bedeuten. Außerdem verkaufen Indianer hier schönes Kunsthandwerk. Früher war der Ort der Siedlungsplatz der Gitksan-Indianer, die in Langhäusern wohnten und deren Totempfahl-Symbolik bei einer Führung erklärt wird.

Dem Adler, »Symbol für Freiheit«, werden Sie auf Ihrer Reise bestimmt begegnen ...

Yellowhead Highway – unterwegs auf den Spuren eines blonden Trappers

Charakteristik: Eine Vielzahl unterschiedlichster Eindrücke erwartet Sie während dieser Rundfahrt, die eine große Schleife um die Rocky Mountains zieht.
Einkehrmöglichkeiten: auf den Campingplätzen am Weg, außerdem in Prince Rupert, Kitwanga, Kitwancool und Quesnel. Zahlreiche Hotels findet man entlang dem Icefields Parkway in Jasper, Lake Louise und Banff. **Dauer:** 1 Woche (ohne Abstecher über Hwy 37, 97 und 5); **Länge:** inkl. Icefields Parkway ca. 1500 km; **Karte:** ⤳ Umschlagkarte vorne (rot)

Prince Rupert ⤳ Terrace

Die Fahrt beginnt in **Prince Rupert**, einem kleinen, oft regenverhangenen Ort, und führt dann längs des **Skeena River** weiter östlich. Auf diesem breiten Strom fuhren die Indianer und Trapper auf ihren Kanus Richtung Pazifik, später wurden die Eisenbahnschienen hier verlegt, und es entstanden in der Folge viele kleine Orte. Nach 150 km erreicht man **Terrace** am Ostrand der **Coast Mountains**, auf die man vom **Thornhill Mountain** einen schönen Blick hat. Terrace, eine ehemalige Holzverladestation, ist heute Ausgangspunkt für Angel-, Jagd- oder Wildwassertouren, während von dem kleinen Flugplatz Kleinmaschinen zum »flightseeing« und »fly-in fishing« nach Alaska und ins Yukon Territory starten.

Terrace ⤳ Prince George

Hinter Terrace beginnt der Cassiar Highway, auf dem sich ein Abstecher in den Norden lohnt. In **Kitwanga** und **Kitwancool** säumen zahlreiche sehr alte Totempfähle die Straße, in der Nähe steht eine alte anglikanische Holzkirche. Der Highway 37 führt in den Norden weiter nach **Iskut** und **Dease Lake** sowie zum **Mount Edziza Provincial Park** und dem **Spatsizi Plateau Wilderness Park**. Noch weiter nördlich liegt das Yukon Territory, und der Cassiar Highway kreuzt hier den **Alaska Highway**, auf dem man in östlicher Richtung unter anderem zu den heißen Quellen von **Liard Hot Springs** gelangen würde.

Wer auf dem Highway 16 geblieben ist, erreicht nun nach 135 km Fahrt **New Hazelton**. Hier starteten die Goldsucher ihre gefährliche und mühevolle Wanderung zu den Goldfeldern des Klondike. Wenige Kilometer vor dem Ort steht in **Kitwanga** an der Kreuzung von Highway 16 und 37 eine 1893 errichtete, weiße anglikanische Holzkirche, die zu den ältesten Kirchen von British Columbia zählt. In Hazelton wurden Grabstätten der **Hagwiget-Indianer** gefunden, die beweisen, dass hier bereits vor Christi Geburt Indianer lebten. Über den Bulkley River führt eine 76 m hohe

Einst gejagt, heute gehegt: Büffel sind in zahlreichen Nationalparks zu Hause.

Der knapp 11 000 Quadratkilometer große, wildreiche Jasper National Park bildet eine atemberaubend schöne Kulisse für Wanderungen.

Hängebrücke, in der Nähe liegt das **Ksan Historic Indian Village**. Ein kleiner Abstecher nach Norden führt nach **Kitwancool** und zum **Kispiox Indian Village**. Dort stehen zahlreiche Totempfähle. Am ersten Wochenende im Juni wird beim Kispiox-Rodeo der beste Rodeoreiter der Provinz ermittelt. Übernachtungsgelegenheit bietet der kleine **Campingplatz** am Ufer des Seeley Lake 8 km westlich von New Hazelton (3790 Alfred Ave., Bag 500, Smithers, Tel. 2 50/8 47-73 20).

Auf der Weiterfahrt nach **Houston** (130 km) bieten **Fraser Lake, Francois Lake, Burns Lake** und **Babine Lake** und die Gewässer des **Tweedsmuir Provincial Park** unzählige Möglichkeiten, Saiblinge, Bach- oder Regenbogenforellen zu angeln. Über **Vanderhoof**, wo alljährlich im Juli eine Flugshow stattfindet, führt die Route weiter ins 300 km entfernte **Prince George**, dem Verwaltungszentrum des nördlichen British Columbia. Übernachten und sehr gut essen kann man im Log House Restaurant & Campground.

Prince George ⇢ Jasper

Hier zweigt der **Cariboo Highway** in den Süden ab, auf dessen Strecke zahlreiche verlassene Goldgräbersiedlungen liegen. **Quesnel**, am Zusammenfluss von Fraser und Quesnel River, nennt sich »Gold Pan City«; von hier aus kann man die östliche Route (Highway 26) nach **Barkerville** nehmen. Danach lädt der **Bowron Lake Provincial Park** zum Angeln, Baden und Kanufahren auf den Seen längs der Cariboo Mountains ein.

Von Prince George aus fährt man weiter auf dem Yellowhead Highway und erreichen bei **Tête Jaune Cache** die Kreuzung des Highway 16 mit dem Highway 5, der in südlicher Richtung nach 340 km in **Kamloops** am Trans Canada Highway endet und eine günstige Verbindung zwischen den parallel verlaufenden Straßen 1 und 16 bildet. Bei **Valemount** kann man im Winter Snowmobil fahren, weiter südlich führt bei **Blue River** eine Abzweigung in den **Wells Gray Provincial Park**, wo mit den **Helmcken Falls** einige der schönsten Wasserfälle im westlichen Kanada in die Tiefe rauschen. Der Highway 16 geht über Tête Jaune Cache bis nach Jasper in den **Jasper National Park** und führt von dort weiter nach Edmonton und Saskatoon. In Jasper beginnt mit dem Highway 93 eine der Traumstraßen der Welt (→ S. 85).

# Icefields Parkway – eine der schönsten Straßen der Welt

Charakteristik: leuchtendblaue Seen, atemberaubende Wasserfälle, Gletschergiganten – entdecken Sie eine der traumhaftesten Routen der Erde! **Einkehrmöglichkeiten:** in Jasper, Lake Louise und Banff, am Athabasca-Gletscher und auf zahlreichen Campingplätzen; **Dauer:** 2–3 Tage; **Länge:** ca. 300 km; **Karte:** ⋯> S. 87 (rosa)

Ein Netz von Highways erschließt die für viele Besucher landschaftlich aufregendste Region Kanadas im Grenzgebiet zwischen den Provinzen Alberta und British Columbia. Eine der berühmtesten Panoramarouten der Welt, der **Highway 93**, durchquert von Nord nach Süd die berühmten Nationalparks im Herzen der kanadischen Rocky Mountains. Bei **Jasper** zweigt diese prachtvolle und eindrucksvolle Straße vom Highway 16 ab, dem Yellowhead Highway, der von Edmonton in Alberta nach Prince Rupert am Pazifik führt. Im Süden kreuzt der Highway 93 bei **Lake Louise** den Trans Canada Highway und führt weiter durch den Kootenay National Park zu den heißen Quellen von **Radium Hot Springs** am Columbia River. Der schönste und berühmteste Abschnitt des Highway 93 sind die rund 250 km des Icefields Parkway zwischen **Lake Louise** und **Jasper**, wo sich hinter jeder Kurve, jedem Pass, ein neuer Ausblick auf einsame Hochgebirgslandschaften, gewaltige Eiszungen und malerische Seen bietet. Trotz der Popularität der Strecke hält sich der Verkehr im Sommer wie im Winter in Grenzen, weil die meisten Autos über den Trans Canada Highway (1) rollen.

Jasper ⋯> Columbia Icefield

Nachdem Sie von Jasper aus zunächst den **Maligne Lake**, den größten See der Rocky Mountains mit **Spirit Island**, dem Lieblingsmotiv der Fotografen, die **Punchbowl-Wasserfälle** (50 km nördlich von Jasper am Highway 16) und die heißen Quellen von **Miette Hot Springs** besucht haben, fährt man auf dem Highway 93 in südlicher Richtung. Kurz hinter Jasper biegt der Highway 93 A ab zum **Marmot Basin** und dem **Mount Edith Cavell**, die einen Abstecher wert sind. Nach 29 km erreicht man die **Athabasca Falls**, die durch eine schmale Schlucht donnernd in die Tiefe stürzen. Kurze Zeit später folgen die **Sunwapta Falls**. Bald kommt man zum Stutfield Glacier, wo bereits der **Atha-**

MERIAN-Tipp
… Inuit-Kunsthandwerk

Den Namen Inuit gaben die Bewohner der eisbedeckten Inseln Kanadas sich selbst – er bedeutet so viel wie »Mensch«; den Begriff Eskimo (»Rohfleischesser«) hingegen, der ihnen von Europäern gegeben wurde, lehnen sie ab. In den vergangenen Jahrhunderten betrieben die nordkanadischen Ureinwohner regen Handel mit Walfängern. Ihr Lebensgefühl und ihre Mythen haben sie schon seit Menschengedenken plastisch dargestellt: Was für die ersten Walfänger nur hübsches Spielzeug war, findet heute in Kunstgalerien auf der ganzen Welt große Anerkennung. Das Kunsthandwerk ist mittlerweile neben dem Tourismus die wichtigste Einnahmequelle der Inuit, die in kleinen Siedlungen von 25 bis 500 Einwohnern zusammenleben: Tierschnitzereien, Spielzeug und Puppen aus Walrosszähnen oder Walknochen und kunstvolle Unikate aus Speckstein und Granit finden zahlreiche Liebhaber.

basca und der **Dome Glacier** zu sehen sind, die zum **Columbia Icefield** gehören, dem größten zusammenhängenden Gletschergebiet der Rocky Mountains, über das das **Information Centre** Auskunft gibt. **Snowcoaches** fahren mehrmals täglich direkt auf das Eisfeld. Durch die Benutzung der snowcoaches ist allerdings besonders im Sommer die Eisdecke mittlerweile mehr grau als weiß, verursacht durch die schädlichen Abgase.

Columbia Icefield ···> Lake Louise

Nun verlässt man den Jasper National Park und erreicht am **Sunwapta Pass**, wo der **North Saskatchewan River** und der **Sunwapta River** sich trennen und in unterschiedliche Richtungen fließen, den **Banff National Park**. Am **Bow Pass** erreicht man bei 2088 m die höchste Stelle des Icefields Parkway, ein Weg führt zum Aussichtspunkt auf den **Peyto Lake**, der seine Farbe je nach Jahreszeit von dunkelblau bis hellgrün ändert. Einige Kilometer weiter folgt der **Hector Lake**, ein typisch eiszeitlicher See, weil er am Südufer bewaldet ist, während das Nordufer von Bergen begrenzt wird. Die Straße folgt weiter dem Oberlauf des Bow River zum Bow Lake. An seinem gegenüberliegenden Ufer schimmern bläulich weiß die mächtigen Gletscherzungen des Wapta, Bow und Crowfoot Glacier.

Lake Louise ···> Banff

Kurz darauf erreicht man den **Lake Louise**, wo das Chateau Lake Louise am Rande des gleichnamigen Sees und des **Victoria-Gletschers** liegt. Von hier führt eine kleine Straße zum idyllischen **Moraine Lake**. Bei Lake Louise wird der Icefields Parkway vom Highway 1 gekreuzt, dem man in westlicher Richtung folgt und dann zu den entlegeneren **Nationalparks Kootenay** und **Yoho** kommt, wo man einen Abstecher zum herrlich grün schimmernden **Emerald Lake** nicht versäumen sollte.

Folgt man der Strecke von Lake Louise weiter südlich, wird aus dem Highway 93 nun der Bow Valley Parkway (1 A), der über die Wasserfälle des **Johnston Canyon** und das Skigebiet des **Mount Norquay** führt und letztlich in Banff endet. Von hier lohnt sich ein Abstecher zum aufgestauten **Lake Minnewanka**, der Banff mit Strom versorgt und an dem man Hirsche, Dickhornschafe und Schwarzbären in freier Wildbahn erleben kann.

Relikt aus der letzten Eiszeit: Das Columbia Icefield umfasst 325 Quadratkilometer.

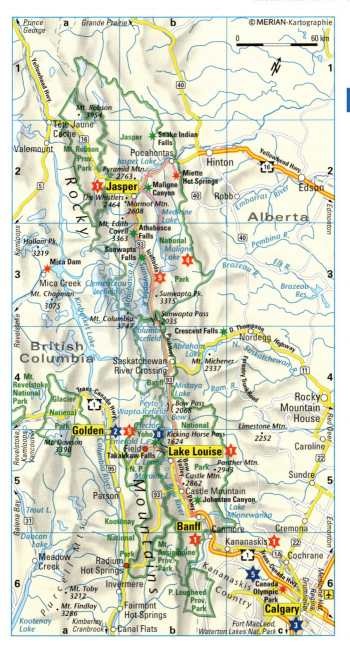

Vancouver Island – Trip in eine atemberaubende Urlandschaft

Charakteristik: Die lang gestreckte Insel im Süden Westkanadas bietet hervorragende Möglichkeiten zur Naturbeobachtung. **Einkehrmöglichkeiten:** auf der gesamten Wegstrecke; **Dauer:** 1 Woche; **Länge:** ca. 700 km (inkl. Abstecher nach Bamfield); **Karte:** ⇢ S. 116/117, B 19-E 20 (blau)

Bei dieser Rundfahrt über Vancouver Island werden der **Pacific Rim National Park** und die zwischen Vancouver Island und der Küste gelegenen **Gulf Islands** einbezogen. Empfehlenswert ist die eintägige Fahrt von **Port Alberni** mit der »Lady Rose« durch die Küstengewässer nach **Bamfield**, das mit dem Auto aber auch über eine 100 km lange Schotterstraße von Port Alberni erreicht werden kann. Auf dem Weg nach Port Alberni lohnt sich ein Abstecher zu den 35 km westlich von Parksville gelegenen **Cathedral Groves** im **MacMillan Provincial Park**.

Als einer der schönsten Provincial Parks in British Columbia gilt der **Strathcona Park**, in dem wunderschöne Wanderwege an Wasserfällen, Seen und schneebedeckten Berggipfeln vorbeiführen. Im Park liegen der **Mount Washington** und das **Forbidden Plateau**, beides im Winter beliebte Skigebiete. Die »Skyride Gondola« fährt mehrmals täglich auf die Bergstation, von der man einen herrlichen Blick auf den 2300 qkm großen Provinzpark hat. Von **Gold River** führt eine 80 km lange Schotterstraße nach **Tahsis** am **Nootka-Fjord**, einer alten Holzfällersiedlung, wo Captain Cook 1778 erstmals Kontakt mit den Indianern der Insel aufnahm. Der Highway 19 führt weiter in den Norden, wo von **Telegraph Cove** oder **Alert Bay** Walbeobachtungstouren zu den Orcas unternommen werden. In Alert Bay lässt sich beim indianischen Friedhof eine Ansammlung der schönsten Totempfähle bewundern.

Ein landschaftlich besonders schöner Tipp ist die 70 km lange Fahrt von **Port Hardy** zum **Cape Scott Provincial Park**, über eine »gravel road«, eine (gut befahrbare) Schotterstraße. In diesem wenig erschlossenen Park tosen mächtige Wellen gegen eine stark zerklüftete Küste, die immer wieder von feinen Sandstränden unterbrochen ist.

Am anderen Ende der Insel, nahe Victoria, sollte man sich die **Butchart Gardens** ansehen: Im Jahr 1904 verwandelte die Frau eines Zementkönigs einen grauen Steinbruch in einen herrlichen Garten, in dem heute ganzjährig Blumen und Sträucher aus allen Teilen der Welt blühen.

Einen Ausflug wert sind die wunderschönen Butchart Gardens nördlich von Victoria.

10 Inside Passage – auf dem legendären Wasserweg Richtung Norden

Charakteristik: Unvergessliche Eindrücke von einer wildromantischen Fjordlandschaft nehmen Sie von dieser Schiffstour mit nach Hause. Ihre Begleiter sind Wale und Delfine. **Einkehrmöglichkeiten:** Übernachtung und Verpflegung an Bord; **Dauer:** 15 Std.; **Länge:** ca. 500 km; **Karte:** ⟶ S. 89

Die »Queen of the North« verlässt jeden zweiten Morgen um 7.30 Uhr den Hafen von **Bear Cove** südlich von Port Hardy, der Nordspitze von Vancouver Island. Die 274 Seemeilen lange Fahrt nach **Prince Rupert** ins nördliche British Columbia dauert etwa 15 Stunden. Sie führt längs der Pazifikküste durch ein Labyrinth kleiner Inseln, durch klare Fjorde und an schneebedeckten Gipfeln vorbei. Die von der Eiszeit geformte Küstenlinie von British Columbia wird schon seit tausenden von Jahren von Haida-Indianern in ihren Zedernholzbooten befahren, heute kreuzt das komfortable Schiff durch die Fjorde und Inselwelt.

Schon seit Menschengedenken lebten an dieser Küste die **Haida-Indianer** und schnitzten ihre berühmten Wappenpfähle. Heute haben sie sich größtenteils in die Reservate auf den Queen Charlotte Islands zurückgezogen. Wer nicht in Prince Rupert an Bord gehen möchte, kann mit der Fähre bis nach Alaska und von dort über das Yukon Territory wieder zurück nach British Columbia fahren.

Das Schiff verlässt den Hafen im Juni, Juli und September an ungeraden Tagen, Ende Mai und im August an geraden Tagen. Trotz der 800 Personen und knapp 160 Autos und Campmobile, die auf der Fähre Platz finden, sollte man frühzeitig reservieren. Der Fahrpreis richtet sich nach der Anzahl der Personen und nach der Größe des Fahrzeugs. Pro Person kostet die Fahrt 85 Can$, ein Pkw 175 Can$ und ein Campmobil je nach Größe bis zu 300 Can$. Auskünfte erteilt die **British Columbia Ferry Corporation**, 1112 Fort Street, Victoria, British Columbia, V8V 4V2, Tel. 2 50-3 86-34 31, www.bcferries.bc.ca.

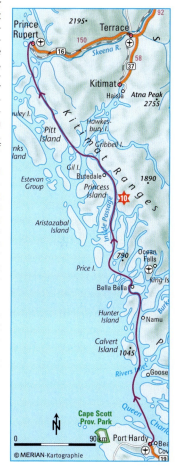

Wissenswertes über Kanadas Westen

Unendliche Weiten, unglaubliche Dimensionen, unbeschreibliche Panoramen – Kanadas Westen, hier der Pine Lake im Yukon Territory, ist ein einziger Urlaubstraum.

Wie man sich in Kanada ein Bier vom Fass bestellt, welche Verkehrsvorschriften Sie berücksichtigen müssen, wo die besten Infos im Internet zu finden sind – auf den folgenden Seiten steht's.

Jahreszahlen und Fakten im Überblick

40 000–20 000 v. Chr.
Aus dem nordostasiatischen Raum ziehen über die damals noch bestehende Landverbindung über die Beringstraße die Vorfahren der heutigen Inuit in den Nordwesten des nordamerikanischen Kontinents. Ein 27 000 Jahre alter, zum Werkzeug bearbeiteter Karibuknochen, der im nördlichen Yukon Territory gefunden wurde, zeugt von der ersten menschlichen Besiedlung.

4000 v. Chr.
Die Kultur der Westküstenindianer erlebt eine Blütezeit. Besonders die Haida-Indianer, deren Nachkommen heute auf den Queen Charlotte Islands leben, kannten den Überfluss. Holz als Baumaterial und Nahrung in den Wäldern und dem Meer waren reichlich vorhanden, daher entwickelten sie eine hochstehende Kultur. Schnitzarbeiten aus Karibu- und Walknochen, Bilder von Menschen und Tieren sowie kunstvoll gefertigte Kanus zeugen noch heute von dieser Blütezeit.

Um 1600
Entdecker wie Cook, Hudson, Mackenzie, Cabot und Cartier werden von ihren Königshäusern beauftragt, den kanadischen Kontinent zu erforschen und das Land für die Krone zu beanspruchen.

1670
Gründung der Hudson Bay Company (HBC). Der englische König Charles II. überträgt der Gesellschaft das Pelzhandelsmonopol.

1713
Mit dem Frieden von Utrecht beenden Franzosen und Engländer ihre Gefechte in Kanada. Nordamerika wird unter den europäischen Mächten aufgeteilt, und Frankreich verliert zahlreiche Ländereien in der Neuen Welt.

1763
Der Siebenjährige Krieg endet mit dem Frieden von Paris, bei dem England alle Kolonien erhält, Frankreich nur zwei kleine Inseln. Die entscheidende Schlacht mit den Engländern hatten die Franzosen 1756 verloren, weil sie nie wirklich an der kanadischen Kolonie interessiert waren. Der Philosoph Voltaire bezeichnete das ferne Land als »einen Haufen Schnee«.

1775–1783
Die kanadischen Briten verhalten sich loyal zum Mutterland, während sich im amerikanischen Unabhängigkeitskrieg die 13 britischen Kolonien von Großbritannien lossagen. Von nun an wird Kanada ein überwiegend englischsprachiges Land.

1778
James Cook und George Vancouver bringen die ersten Europäer an die Küste des heutigen British Columbia. Cook sucht, im Westen beginnend, die Nordwestpassage. Er durchkreuzt die Beringstraße, streift das Eismeer und muss letztlich in südlicher Richtung wieder abdrehen. Als Erster kartografiert James Cook die Westküste Kanadas.

1830–1850
Etwa 800 000 Menschen aus Irland, Schottland und Deutschland wandern nach Kanada aus.

1841
Die geteilten Kolonien Oberkanada (das heutige Québec) und Unterkanada (das heutige Ontario) werden zur Provinz Kanada, verwaltet von einem Generalgouverneur und einer eigenen Legislative.

1846
Der 49. Breitengrad wird zur Staatsgrenze zu den USA erklärt.

Geschichte

1858
Die Briten schaffen die Kolonie British Columbia und vereinigen sie 1866 mit Vancouver Island.

1862
In den Cariboo Mountains westlich der Rockies wird Gold entdeckt, und ein enormer Goldrausch beginnt. Tausende von Abenteuerlustigen ziehen unter strapaziösen Bedingungen ins nördliche Kanada und versuchen ihr Glück. 30 Jahre später wird am Klondike Gold gefunden. Städte wie Dawson City entstehen, und das Yukon wird aus den Northwest Territories ausgegliedert. Innerhalb weniger Jahre wird Gold im Wert von 100 Mio. Dollar geschürft.

1873
Das kanadische Parlament beschließt, eine Polizeitruppe ins Leben zu rufen: die Geburtsstunde der »Mounties«, die 1875 den Zusammenfluss von Bow und Elbow River erreichen und das Fort MacLeod gründen, aus dem später Calgary hervorgeht.

1885
Die Canadian Pacific Railway fährt erstmals quer durch Kanada vom Atlantik zum Pazifik.

1914–1918 und 1939–1945
Kanada nimmt am Ersten und Zweiten Weltkrieg teil und gewinnt dadurch einen internationalen Status.

1900–1950
Millionen von Menschen aus den USA, Asien und Europa emigrieren nach Kanada, angelockt von dem Versprechen, 160 Morgen Land gratis zu erhalten.

1931
Völlige Autonomie Kanadas durch das Statut von Westminster.

1949
Kanada tritt der NATO bei.

1960
Kanadische »Bill of Rights«, nach der Indianer und Inuit wählen dürfen.

1962
Der 8000 km lange Trans Canada Highway (Hwy 1) wird fertig gestellt und verbindet St. Johns auf Neufundland mit Victoria in British Columbia.

1965
Das Ahornblatt wird Emblem auf der Nationalflagge.

1967
Parti Québecois wird gegründet.

1980
60 Prozent der »Québecois« votieren gegen eine Loslösung von Kanada.

1988
Kanada verankert den Multikulturalismus in der Verfassung. Englische und französische Sprach- und Kulturgruppen haben gleiche Rechte.

1988
Olympische Winterspiele in Calgary.

1995
Fischereistreit Kanadas mit Spanien und der EU. Ostkanadische Fischer haben Fangverbot für einige Arten, während spanische Fangflotten in kanadisches Hoheitsgebiet eindringen.

2000
Premierminister Jean Chrétien zieht die Parlamentswahlen vor und gewinnt erneut die absolute Mehrheit.

2002
In Quebec versuchen große Teile der Bevölkerung die Unabhängigkeit der Provinz von Kanada zu erreichen.

2004
Ein Moratorium zum Stopp der Waldrodung und des Dorschfangs verursacht hohe Arbeitslosigkeit in der Forst- und Fischindustrie.

Nie wieder sprachlos

Wichtige Wörter und Ausdrücke

Ja	*Yes*
Nein	*No*
Bitte	*Please*
Gern geschehen	*You're welcome*
Danke	*Thank you*
Wie bitte?	*Pardon?*
Ich verstehe nicht	*I didn't understand you*
Entschuldigung	*Sorry, I beg your pardon, excuse me*
Guten Morgen	*Good morning*
Guten Tag	*How do you do*
Guten Abend	*Good evening*
Hallo	*Hello*
Ich heiße ...	*My name is ...*
Ich komme aus ...	*I come from ...*
Wie geht's?	*How are you?*
Danke, gut	*Thanks, fine*
Wer, was, welcher	*Who, what, which*
Wie viel	*How many, how much*
Wo ist ...	*Where is ...*
Wann	*When*
Wie lange	*How long*
Sprechen Sie Deutsch?	*Do you speak German?*
Auf Wiedersehen	*Good bye*
Bis bald	*See you soon*
Heute	*Today*
Morgen	*Tomorrow*

Zahlen

eins	*one*
zwei	*two*
drei	*three*
vier	*four*
fünf	*five*
sechs	*six*
sieben	*seven*
acht	*eight*
neun	*nine*
zehn	*ten*
einhundert	*one hundred*
eintausend	*one thousand*

Wochentage

Montag	*Monday*
Dienstag	*Tuesday*
Mittwoch	*Wednesday*
Donnerstag	*Thursday*
Freitag	*Friday*
Samstag	*Saturday*
Sonntag	*Sunday*

Mit und ohne Auto

Wie weit ist es nach ...?	*How far is it to ...?*
Wie kommt man nach ...?	*How do I get to ...?*
Wo ist ...?	*Where is ...?*
– die nächste Werkstatt	*– the next garage*
– der Bahnhof/ Busbahnhof	*– the station/ bus terminal*
– die nächste U-Bahn-/ Bus-Station	*– the next station/ bus terminal*
– die Touristen- information	*– the tourist information*
– die nächste Bank	*– the next bank*
– die nächste Tankstelle	*– the next gas station*
Wo finde ich einen Arzt/eine Apotheke?	*Where do I find a doctor/ a pharmacy?*
Bitte volltanken	*Fill up please*
Normalbenzin	*Regular gas*
Super	*Super*
Diesel	*Gasoil*
rechts	*right*
links	*left*
geradeaus	*straight ahead*
Ich möchte ein Auto/ein Fahrrad mieten	*I would like to rent a car/bike*
Wir hatten einen Unfall	*We had an accident*
Eine Fahrkarte nach ... bitte	*A ticket to ... please*
Ich möchte ... Euro in ... wechseln	*I would like to change foreign currency*

Hotel

Ich suche ein Hotel	I'm looking for a hotel
– eine Pension	a guesthouse
Ich suche ein Zimmer für ... Personen	I'm looking for a room for ... people
Haben Sie noch Zimmer frei?	Do you have any vacancies?
– für eine Nacht	– for one night
– für zwei Tage	– for two days
– für eine Woche	– for one week
Ich habe ein Zimmer reserviert	I made a reservation for a room
Wie viel kostet das Zimmer?	How much is the room?
– mit Frühstück	– including breakfast
– mit Halbpension	– half board
Kann ich das Zimmer sehen?	Can I have a look at the room?
Ich nehme das Zimmer	I'd like to have this room
Kann ich mit Kreditkarte zahlen?	Do you accept credit cards?
Haben Sie noch Platz für ein Zelt/einen Wohnwagen?	Is there any space for a tent/a caravan?

Restaurant

Die Speisekarte bitte	Could I see the menu please?
Die Rechnung bitte	Could I have the bill please?
Ich hätte gern einen Kaffee	I would like to have a cup of coffee
Auf Ihr Wohl	cheers
Wo finde ich die Toiletten (Damen/Herren)?	Where are the washrooms (ladies/gents)?
Kellner	waiter
Frühstück	breakfast
Mittagessen	lunch
Abendessen	dinner

Einkaufen

Wo gibt es ...?	Where do I find ...?
Haben Sie ...?	Do you have ...?
Wie viel kostet das?	How much is this?
Das ist zu teuer	That's too much
Das gefällt mir (nicht)	I like it/I don't like it
Ich nehme es	I'll take it
Geben Sie mir bitte 100 Gramm/ein Pfund/ein Kilo	I would like to have one hundred gramm/one pound/one kilo
Danke, das ist alles	Thank you, that's it
geöffnet/geschlossen	open/close
Bäckerei	bakery
Kaufhaus	department store
Markt	market
Metzgerei	butcher's
Haushaltswaren	household supplies
Lebensmittelgeschäft	supermarket
Briefmarken für einen Brief/eine Postkarte nach Deutschland/Österreich/in die Schweiz	stamps for a letter/postcard to Germany/Austria/Switzerland

Ämter, Banken, Zoll

Haben Sie etwas zu verzollen?	Do you have anything to declare?
Ich möchte einen Reisescheck einlösen	I would like to cash a traveller's check
Ich habe meinen Pass/meine Geldbörse verloren	I have lost my passport/my wallet
Ich suche einen Geldautomaten	I am looking for a cash teller
Ich möchte nach Deutschland telefonieren	I would like to place a call to Germany

Die wichtigsten kulinarischen Begriffe

A
almonds: Mandeln
appetizer: Vorspeise
asparagus: Spargel

B
bacon: Speck
bagel: (jüdisches) Brötchen
beans: Bohnen
beer on tap: Bier vom Fass
bisque: Hummer- oder Krebssuppe
boiled: gekocht
bread: Brot
broiled: gegrillt
bun: weiches Brötchen
burrito: mit Reis und Fleisch oder Gemüse gefüllter Maisfladen

C
cabbage: Kohl
cake: Kuchen, Torte
candy: Bonbons, Süßigkeiten
casserole: Eintopfgericht
cauliflower: Blumenkohl
cereal: Getreideflocken
chanterelles: Pfifferlinge
cheese: Käse
– cake: Käsekuchen
chicken: Huhn
chop: Kotelett
chowder: dicke Suppe von Fisch, Fleisch oder Schalentieren
clams: Muscheln
cod: Kabeljau
coffee: Kaffee
cole slaw: Krautsalat
corn: Mais
crab: Taschenkrebs
crawfish: Krebs
crayfish: Flusskrebs
cucumber: Gurke
cutlet: Schnitzel

D
decaf: koffeinfreier Kaffee
domestic beer: einheimisches Bier
draught beer: Bier vom Fass
duck: Ente
dumplings: Klöße

E
egg: Ei
entrée: Hauptgang (in Frankreich Vorspeise)

F
fork: Gabel
french fries: Pommes frites
fried: in der Pfanne gebraten
– eggs: Spiegeleier
– potatoes: Bratkartoffeln
fruit: Obst
– juice: Fruchtsaft

G
game: Wild
garlic: Knoblauch
goose: Gans
grape: Weintraube
grilled: gegrillt

H
haddock: Schellfisch
halibut: Heilbutt
ham: Schinken
herbal tea: Kräutertee
horseradish: Meerrettich

K
kidneys: Nieren
knife: Messer
knuckels: Haxe

L
lamb chop: Lammkotelett
leek: Lauch, Porree
leg of lamb: Lammkeule
lemon: Zitrone
lentils: Linsen
lettuce: Kopfsalat
liver: Leber
lobster: Hummer
loin: Lendenstück

M
mashed potatoes: Kartoffelbrei
meat: Fleisch
– balls: Fleischklößchen
medium rare: halb durchgebraten

muffin: kleines, rundes Gebäck
mushrooms: Pilze
mussels: Miesmuscheln
mustard: Senf

N
night cap: Schlummertrunk, letzte Bestellung
noodles: Nudeln
nuts: Nüsse

O
onions: Zwiebeln
orange juice: Orangensaft
oysters: Austern

P
pancake: Pfannkuchen
partridge: Rebhuhn
pastry: Gebäck, Kuchen
peach: Pfirsich
pear: Birne
peas: Erbsen
pepper: Pfeffer
pie: Pastete, Torte
pineapple: Ananas
pork: Schweinefleisch
porridge: Haferbrei
porterhouse steak: großes Steak mit Filetstück und Knochen
potatoes: Kartoffeln
poultry: Geflügel
prawn: Garnele
prunes: Backpflaumen
pumpkin: Kürbis

R
rabbit: Kaninchen
radish: Radieschen, Rettich
raisins: Rosinen
rare: fast roh
rarebit: überbackener Toast
raspberries: Himbeeren
roast: Braten
roasted: im Ofen gebraten
roll: Brötchen

S
salmon: Lachs
salt: Salz
sausage: Wurst
scrambled eggs: Rührei
sea-food: Meeresfrüchte
sirloin steak: Lendensteak
slice: Scheibe
smoked: geräuchert
snapper: Tiefseefisch
soft boiled egg: weich gekochtes Ei
sole: Seezunge
soup: Suppe
sour cream: saure Sahne
spareribs: Rippchen
spinach: Spinat
spoon: Löffel
steamed: gedämpft
stewed: geschmort
stout beer: dunkles, starkes Bier
strawberries: Erdbeeren
stuffed: gefüllt
sugar: Zucker
sweetbread: Kalbsbries

T
taco: gefüllter Maisfladen
tart: Törtchen
T-bone steak: Steak mit Filetstück und Knochen
tea: Tee
tenderloin: Filetstück
tomato juice: Tomatensaft
trout: Forelle
tuna fish: Tunfisch
turbot: Steinbutt
turkey: Truthahn
turnips: weiße Rüben
turtle: Schildkröte

V
veal: Kalbfleisch
vegetables: Gemüse
venison: (Rot-)Wild
vinegar: Essig

W
wafers: dünne Waffeln
walnut: Walnuss
whipped cream: Schlagsahne
white cabbage: Weißkohl
wine: Wein
– *by the glass:* offener Wein
– *red wine:* Rotwein
– *white wine:* Weißwein

Nützliche Adressen und Reiseservice

AUF EINEN BLICK
Fläche: Kanada, das zweitgrößte Land der Erde, dehnt sich von West nach Ost auf über 5500 km und von Nord nach Süd auf über 4600 km aus – insgesamt knapp 10 Mio. qkm. Westkanada umfasst ca. 3 Mio. qkm. Einwohnerzahl: Von insgesamt rund 27 Mio. Einwohnern sind ca. 8 Mio. Westkanadier, eine faszinierende Mischung von rund 80 verschiedenen Völkerstämmen fast aller Nationen.
Verwaltungseinheit: Der Westen ist in die drei Provinzen **British Columbia** (Hauptstadt: Victoria), **Alberta** (Hauptstadt: Edmonton) und das **Yukon Territory** (Hauptstadt: Whitehorse) unterteilt.
Sprache: Englisch ist Verkehrssprache; fast alle Schilder sind wegen der ostkanadischen Provinz Québec jedoch auch in Französisch beschriftet.
Religion: Es gibt buddhistische und hinduistische Tempel, moslemische Moscheen und natürlich christliche Kirchen, wobei die katholische Glaubensrichtung mit rund 47 % überwiegt.
Wirtschaft: Der kanadische Dollar steht zurzeit wie die gesamte Wirtschaft in scharfer Konkurrenz zur USA; es wird noch immer mehr von den USA importiert, als dorthin exportiert wird. Wälder, Meere und Seen, bisher Haupterwerbsquellen Kanadas, unterliegen mittlerweile schärferen Umweltbestimmungen, was Fischer und die Holzwirtschaft vor große Probleme stellt.

ANREISE UND ANKUNFT
Mit dem Flugzeug
In einem Joint-venture mit der Lufthansa bietet **Air Canada** einen täglichen Liniendienst von Frankfurt in den Westen Kanadas. Von Zürich aus fliegt American Airlines über Dallas nach Vancouver oder Calgary, Swissair fliegt nur nach Montreal; Austrian Airlines von Wien über Frankfurt oder London nach Calgary und Vancouver. Die Flugzeit nach Calgary und Edmonton beträgt etwa neun Stunden, nach Vancouver rechnet man eine gute Stunde dazu. Neben Calgary, Edmonton und Vancouver werden auch Winnipeg in Manitoba und Regina sowie Saskatoon in Saskatchewan regelmäßig von Europa aus angeflogen. Bei Flügen im Sommer ist es ratsam, mindestens zwei Monate vorher zu buchen, auch sollte man sich nach Spezialtarifen erkundigen. In Deutschland kommt beim Abflug noch eine Sicherheitsgebühr von ca 4 € und in Kanada eine Flughafensteuer von 15 Can$ dazu. Kostenlose Bus-Shuttles fahren Sie zu den reservierten Hotels in den Innenstädten.

Mit dem Zug
Eine der schönsten Arten, die kanadischen Rocky Mountains kennen zu lernen, ist die Fahrt im Glaskuppelwaggon des Rocky Mountaineer, der sich mit einem First-Class-Service durch die Landschaft schlängelt.
www.rockymountaineer.com

Weiterreise mit Campmobil und Pkw
Im Westen Kanadas ist das Auto, besser noch ein Campmobil, häufigstes Transportmittel. Zahlreiche deutsche Veranstalter bieten deshalb kombinierte Flug-/Pkw-Reisen an.

Grundsätzlich ist rechtzeitige Reservierung vor allem in den Sommermonaten anzuraten. Größere Autoverleiher wie Avis, Hertz und Tilden gibt es an jedem Flughafen. Bei der Übernahme des Wagens muss ein »deposit« hinterlegt werden, bei Vorlage einer Kreditkarte entfällt diese Kaution.

Achtung: Wer den Wagen an einem anderen Ort abgeben möchte, muss eine »drop-off charge« von einigen hundert Dollar einkalkulieren.

Weiterreise mit dem Flugzeug

Die großen kanadischen Fluggesellschaften haben auch Gesamtpakete im Angebot, die innerkanadische Flüge enthalten. So bietet **Air BC**, eine Tochtergesellschaft der Air Canada, einen »Western Canada Airpass« an, mit dem Sie auf dem gesamten Streckennetz unbegrenzt fliegen können. Dieses Streckennetz geht im Osten bis Winnipeg, im Norden bis Fort McMurray, Dawson Creek und Prince Rupert und im Süden bis in die USA nach Seattle und Portland. Individualisten schätzen die Möglichkeit, in British Columbia, Manitoba und Saskatchewan mit einer kleinen Cessna zum Fischen in entlegene Gebiete zu fliegen (»fly-in fishing«).

Gebührenfreie Telefonnummern der wichtigsten Airlines

Lufthansa 1-8 00-5 63-59 54
Canadian Airlines 1-8 00-4 26-70 00
Air Canada 1-8 00-7 76-30 00

Verkehrsregeln und -vorschriften

In Kanada herrscht Rechtsverkehr und strikte Anschnallpflicht. Ansonsten ist Autofahren in Kanada nicht vergleichbar mit dem europäischen und vor allem deutschen Verkehrswesen. Rasen ist in Kanada verpönt, wenn ein Drängler den Vordermann nervt, dann wird dieser ohne Murren rechts ranfahren und zum Überholen Platz machen. Am besten halten Sie sich an das vorgeschriebene Tempo von 25 Meilen (40 km/h) in der Ortschaft und bis zu 65 Meilen (etwa 100 km/h) auf den Highways. Man sollte den Tacho im Auge behalten, denn schon 20 km/h zu schnell kosten bereits 250 Can$. Kassiert wird grundsätzlich sofort.

Generell gilt: Wer bei einer Verkehrskontrolle angehalten wird, sollte höfliche Zurückhaltung üben, auf keinen Fall unaufgefordert aussteigen, denn das sehen die Cops häufig als Angriff an: Hände auf das Lenkrad legen und warten, bis der Polizist am Wagen steht und Sie auffordert, die Scheibe herunterzukurbeln.

Der nationale Führerschein ist in den einzelnen Provinzen Kanadas unterschiedlich lange gültig, meistens wird er für 90 Tage akzeptiert. Der internationale Führerschein (nur in Verbindung mit dem nationalen) ist dagegen ein Jahr gültig.

Entfernungen (in km) zwischen wichtigen Städten

	Banff	Calgary	Dawson City	Edmonton	Jasper	Kelowna	Vancouver	Victoria
Banff	–	130	2840	420	290	470	850	880
Calgary	130	–	2860	300	410	600	970	1000
Dawson City	2840	2860	–	2560	2550	2860	2950	2440
Edmonton	420	300	2560	–	360	900	1150	1200
Jasper	290	410	2550	360	–	600	790	830
Kelowna	470	600	2860	900	600	–	390	430
Vancouver	850	970	2950	1150	790	390	–	70
Victoria	880	1000	2440	1200	830	430	70	–

Kanadas Westen von A–Z

AUSKUNFT

Kanada Tourismus Programm
Touristik-Dienst G.Lange; Postfach
200 247, 63469 Maintal; Kanada Hotline:
0 18 05/52 62 32 (€ 0,12/Min);
www.travelcanada.ca

Informationen in den Tourismusabteilungen der jeweiligen Provinz.

**NorthAmerica Travel House
CRD International GmbH**
Der Kanada-Reisedienst ist einer der größten und umfassendsten Anbieter von Kanadareisen in Deutschland.
Stadthausbrücke 1–3, 20355 Hamburg;
Tel. 0 40/3 00 61 60, Fax 30 06 16 55;
www.crd.de

Tourism British Columbia
Tel. 0 01/250/3 87-16 42; 802-865 Hornby St.; B.C. Vancouver; Tel. 6 04/
6 60 78 61; www.HelloBC.com

Travel Alberta
Tel. 1/8 00/6 61-88 88;
www.travelalberta.com

Yukon Tourism
P.O. Box 2703, Whitehorse, YT; Y1A2C6;
Tel. 8 67/6 67 53 40;
www.touryukon.com

BEVÖLKERUNG

Etwa 6,5 Mio. Einwohner nennen sich heute stolz Westkanadier. Während sich in den Prärieprovinzen in vergangenen Jahrhundert häufig Ukrainer ansiedelten, bestimmen heute Asiaten das Stadtbild von Vancouver und Victoria. Im Norden wohnen vereinzelt Indianer und Inuit, sie machen allerdings in Bezug auf die kanadische Gesamtbevölkerung nur drei Prozent aus.

BUCHTIPPS

Margaret Atwood ist die in Deutschland derzeit wohl bekannteste kanadische Autorin, die mit poetischen, aber auch feministischen Romanen (»Der lange Traum«, »Die essbare Frau«) die aktuelle Literaturszene überstrahlt. So beschäftigt sie sich etwa mit den schmerzlichen Selbstfindungsprozessen von Frauen, die der Stadt den Rücken zukehren und in der Einsamkeit einer ländlichen Umgebung ihre eigene Geschichte bis in ihre Kindheit zurückverfolgen. Ebenfalls im deutschsprachigen Raum bekannt sind der im November 2004 verstorbene Kanadier **Arthur Hailey**, der etliche internationale Bestseller wie »Hotel« und »Airport« schrieb, sowie der Amerikaner **Jack London**, der im Roman »Ruf der Wildnis« die Einsamkeit und den Überlebenskampf der kanadischen Trapper eindringlich und spannend schildert. Von den genannten Autoren sind bei mehreren Verlagen aktuelle Ausgaben erhältlich.

CAMPING

Über ganz Kanada verteilt gibt es, vornehmlich in den **Provincial** und **National Parks**, staatliche Campingplätze, außerhalb der Parks auch private »campgrounds«. Die Kosten für einen Platz betragen zwischen 5 und 10 Can$, bei privaten Campingplätzen mit Wasser- und Stromversorgung auch mal mehr. Häufig gibt es keine Campverwaltung, dann wirft man das Geld einfach in eine Box - Vertrauen wird groß geschrieben.

Lassen Sie auf einem Campingplatz niemals Essensreste liegen, und kochen Sie beim wilden Campen möglichst einige Meter vom Standort Ihres Reisemobils entfernt, denn Bären haben eine gute Nase. Hängen Sie Essensvorräte an eine hoch angebrachte Schnur zwischen zwei Bäume. Auf den Campingplätzen gibt es immer bärensichere Mülleimer.

DIPLOMATISCHE VERTRETUNGEN

Botschaft der Bundesrepublik Deutschland
1 Waverley St., Ottawa, Ontario, 41N 8V4; Tel. 6 13/2 32 11 01,
Fax 6 13/5 94 93 30

Botschaft von Österreich
445 Wilbrod St., Ottawa, Ontario,
Canada K1N 6M7; Tel. 6 13/5 63-14 44

Botschaft der Schweiz
5 Marlborough Ave., Ottawa, Ontario,
Canada K1N 8E6; Tel. 6 13/2 35-18 37

Generalkunsulat
Suite 704, World Trade Center; 999 Canada Place; Vancouver, B.C. U6C BE 1; Tel. 6 04/6 84 83 77, Fax 6 04/6 84 83 34

Feiertage
Landesweite Feiertage, an denen das öffentliche Leben ruht:

1. Januar	New Year's Day
Karfreitag	Good Friday
Montag vor dem 25. Mai	Victoria Day (zu Ehren der britischen Königin)
1. Juli	Canada Day (Nationalfeiertag)
1. Mo im Aug.	British Columbia Day (in British Columbia)
1. Mo im Aug.	Heritage Day (nur in Alberta)
3. Montag im Aug.	Discovery Day (nur in Yukon)
1. Montag im September	Labour Day (Tag der Arbeit)
2. Montag im Oktober	Thanksgiving (Erntedankfest)
11. Nov.	Remembrance Day
25. Dez.	Christmas Day
26. Dez.	Boxing Day

Geld
Das Währungssystem basiert auf kanadischen Dollar und kanadischen Cent (1 Can$ = 100 Cent). Kanadische Dollar gibt es in Scheinen zu 5, 10, 20, 50, 500, 1000 Can$. Münzen sind 1, 5, 10, 25, 50 Cent wert, die 1-Dollar-Münze ziert der kanadische Wappenvogel »looner«. Der **Wechselkurs** unterliegt häufigen Schwankungen.

Travellerschecks werden überall in Hotels, Banken, Restaurants und Kaufhäusern akzeptiert, dennoch sollten Sie für Kleinigkeiten einige Dollar »cash« (bar) bei sich haben. **Kreditkarten** sind in Nordamerika viel weiter verbreitet als in Europa; dies führt manchmal so weit, dass man ohne Karte keinen Wagen mieten darf, denn Bargeld wird nicht gerne gesehen, oder aber das »deposit« (Kaution) wäre sehr hoch. Das Gleiche gilt für das Einchecken im Hotel. Mit der Kreditkarte können Sie auch am »teller« (Bankschalter) Geld erhalten. Besorgen Sie sich bei Ihrer Bank in Deutschland dafür eine Geheimnummer.

Die **Banken** haben meistens Mo–Fr 10–16 Uhr geöffnet.

Internet
Jede Provinz hat eine eigene Internetseite, z. B.:
British Columbia:
www.HelloBC.com
Alberta:
www.travelalberta.com oder
www.explorealberta.com
Yukon:
www.touryukon.com

Kleidung
Im Frühling müssen sowohl warme Wintersachen als auch leichte Sommerkleidung ins Gepäck. Das Mückenspray sollte man auf keinen Fall vergessen.

Im Sommer wird es tagsüber warm (südliche kanadische Städte liegen auf dem selben Breitengrad wie Venedig), abends und nachts jedoch frisch. Ein dicker Pullover gehört auf jeden Fall in den Koffer.

Abendgarderobe ist nur in seltenen Fällen nötig, denn auch wenn ein Theater oder Konzert besucht wird, sind Kanadier selten »overdressed«.

Medizinische Versorgung
Kanada-Besuchern wird dringend empfohlen, eine Auslandskrankenversicherung in ihrem Heimatland abzuschließen, da die meisten Krankenversicherungen im Ausland anfallende Kosten nicht automatisch decken,

Kanadas Westen von A–Z

zumal manche Provinzen für Ausländer bis zu 30 Prozent Aufschlag verlangen und ein Krankenbett in Kanada um die 900 Can$ pro Tag kostet. Die Apotheken (»pharmacies«) in den größeren Städten führen alle auch hier zu Lande verschriebenen Medikamente. Für spezielle Medikamente sollten Sie einen Beipackzettel von zu Hause mitnehmen.

Notruf
Polizei, Feuerwehr: 911
Operator: 0

Post
Das »post office« hat werktags zwischen 9 und 18 Uhr täglich geöffnet.
Porto in Kanada:
bis 30 g 70 ¢
Porto international:
bis 20 g 1.40 Can$

Reisedokumente
Ein **Visum** ist bei einem Aufenthalt unter drei Monaten nicht erforderlich, ein **Reisepass** genügt. Wollen Sie länger bleiben, müssen Sie erklären, was Sie in Kanada vorhaben; die Konsulate und Botschaften zu Hause geben über längere Aufenthalte Informationen. Lediglich bei Einreisen aus den USA bzw. von Kanada in die Vereinigten Staaten zurück gibt es zuweilen Pass- und Visaprobleme.

Auch bei kürzeren Trips kann es bei der Einreise am Flughafen vorkommen, dass Sie nach Ihren Geldvorräten gefragt werden (Kreditkarte genügt meistens), oder ob Sie geschäftlich oder privat unterwegs sind. Vor der Landung in Kanada müssen Sie eine Erklärung über den Zweck des Kanada-Aufenthaltes abgeben.

Reiseknigge
Autofahren
Auch wenn in Kanada mittlerweile teilweise europäische Sitten – sowohl in den Städten als auch auf den Highways – eingeführt wurden, sollte man sich dennoch an die Geschwindigkeitsbegrenzungen halten, auch wenn viele Kanadier dies nicht mehr tun. Wenn die Polizei Sie anhält, steigen Sie nicht ohne Aufforderung aus und legen Sie kein aggressives Verhalten an den Tag. Am besten die Scheibe runterkurbeln und die Hände am Lenkrad lassen.

Bären
Wer in der Einsamkeit der Nationalparks wandert, sollte sich vorher bei einem Park Ranger abmelden. Besonders wichtig beim Zelten und Wandern: Am Rucksack entweder ein Glöckchen tragen oder beim Wandern reden bzw. singen, damit Bären nicht überrascht werden. Wenn Sie erst in letzter Sekunde bemerkt werden, können die Tiere aggressiv reagieren. Beim Zelten alle Lebensmittel baumhoch an einer Leine verstauen und den Müll wieder mitnehmen.

Restaurant
Wenn Sie ein Restaurant betreten, warten Sie bitte, bis man Sie zu einem Tisch geleitet. Vor dem Lokal zeigt ein Schild – »casual« (gepflegte Freizeitkleidung) oder »formal« (Herren mit Krawatte und langen Hosen), welches Outfit erwünscht ist.

Sauberkeit
»Take nothing but pictures, leave nothing but footprints«: Fotografieren und Fußspuren hinterlassen ist okay, aber ansonsten sollte man die Flora und Fauna Kanadas respektieren. Auf jedem Campingplatz stehen zahlreiche Mülleimer. Verlassen Sie bitte Kanada so, wie Sie es vorzufinden wünschen!

Trinkgeld
Jeder Kellner erwartet ein 10- bis 15-prozentiges Trinkgeld auf den Rechnungspreis – das Bedienungspersonal könnte ohne diesen Bonus nicht existieren, da Servicekräfte deutlich geringere Gehälter als in Nord- und Mitteleuropa erhalten. Genauso ver-

hält es sich mit anderen Dienstleistungen: Gepäckträger erwarten etwa 1 Can$ pro Gepäckstück, Zimmermädchen 2 Can$ pro Tag, Friseure, Taxifahrer und »guides« 10 bis 15 Prozent des Preises.

REISEWETTER
Ab Mai steht die Natur in voller Blüte, der Sommer von Juni bis August ist ideal für alle Freiluftaktivitäten, wobei man sich in den Waldgebieten gegen Mücken schützen muss. September und Oktober lassen die Herzen der Fotografen höher schlagen, weil sich die Blätter im »Indian Summer« herbstlich verfärben. Ab Ende Oktober beginnen dann die Nachtfröste und die Zeit der Winterbereifung. Im März und April schmilzt der Schnee, doch in höheren Lagen kann bis Ende April Ski gelaufen werden, in Whistler sogar das ganze Jahr über.

Je weiter östlich man sich in Alberta begibt, desto drastischer werden die Temperaturschwankungen aufgrund des zunehmenden kontinentalen Klimas. Im Sommer wird es tagsüber häufig über 30° C warm, während im Winter das Thermometer in der Prärie auch schon einmal minus 30° C zeigen kann. In Alberta und dem östlichen British Columbia herrschen gemäßigte Temperaturen, die Schwankungen betragen zwischen 0 °C im Winter und 25 °C im Sommer. Besonders voll auf Kanadas Straßen wird es in den Monaten Juli und August, dann haben die Amerikaner und die Kanadier selbst Ferien.

SPRACHE
Im Westen Kanadas wird Englisch gesprochen, obwohl in manchen größeren touristischen Gegenden wegen der französischsprachigen Bevölkerung der östlichen Provinzen Kanadas die Hinweisschilder und Karten auch in Französisch gehalten sind.

STROMSPANNUNG
110 (manchmal bis 125) Volt Wechselstromspannung bedeuten für die mitgenommenen Geräte, dass sie per Adapter umgerüstet werden müssen. Diese sollten schon in Europa gekauft werden, weil sie in Kanada nur selten zu finden sind.

Wechselkurse		
Can$	Euro	Franken
0,50	0,33	0,50
1	0,65	0,99
2	1,30	1,98
5	3,25	4,95
10	6,45	9,85
20	13,00	19,80
30	19,45	29,65
50	32,50	49,50
100	64,50	98,46
250	162,50	247,50
500	325,00	495,00
750	487,50	742,50
1000	645,00	984,60

Stand: Jan. 2005

Nebenkosten (umgerechnet in €)	
1 Tasse Kaffee	2.50
1 Bier	2,00
1 Cola	1,00
1 Brot (ca. 500g)	0,35–1,30
1 Schachtel Zigaretten	3,25
1 Liter Benzin	0,35
Fahrt mit Bus (Einzelfahrt)	1,30
Mietwagen/Tag	ab 21,50

Telefon

Ähnlich wie in den USA kennt auch das private kanadische Telefonsystem den »operator«, der eine gewünschte Leitung herstellt. Dazu wählt man die »0« und wird dann vom Operator nach der Nummer gefragt. Von einer Telefonzelle kann dies ziemlich mühsam sein, weil man für ein Gespräch nach Deutschland 5,75 Can$ in »quarters« (Vierteldollarmünzen) einwerfen muss. Diese reichen für ein dreiminütiges Gespräch. Einfacher, aber auch wesentlich teurer ist ein Gespräch vom Hotelzimmer aus (Nummern für die Freileitung stehen auf dem Telefon). Ortsgespräche in Kanada kosten einen Vierteldollar, »long-distance calls« entsprechend mehr. Für Hotel-, Mietwagen- oder Flugreservierungen gibt es häufig gebührenfreie Nummern (»toll-free numbers«). Auskunft für gebührenfreie Telefonnummern für ganz Kanada: Tel. 1-8 00-5 55-12 12.

Vorwahlnummern
D, A, CH → CDN 0 01
CDN → D: 0 1149
CDN → A: 0 1143
CDN → CH: 0 1141

Tiere

Für mitgebrachte Tiere muss ein ärztliches **Gesundheits-** und **Tollwutzeugnis** ausgestellt sein, das nicht älter als einen Monat ist.

Verkehrsverbindungen

Mit dem Auto oder Campmobil

Wohnmobil oder Campingbus sollten Sie bereits bei einem Reisebüro in Deutschland buchen. Etwa 750 € pro Woche muss man für ein Standardmodell für vier Personen einkalkulieren. Günstiger sind die »travellodges«, umgebaute »pick-ups«, die Platz für zwei bis drei Personen haben. Sie sind schon ab etwa 50 € pro Tag zu erhalten, abhängig von der Ausführung und der jeweiligen Saison. Wer unbegrenzte Kilometer fahren möchte, muss noch einige Dollar hinzurechnen. Empfehlenswert ist auch eine freiwillige **Vollkaskoversicherung** (CDW, ab etwa 10 Can$/Tag).

Cruise Canada ist eine kanadische Vermietungsfirma mit Sitz in Calgary und Vancouver, was den Ausleihern die Übernahme eines Wohnmobils in Calgary und Rückgabe in Vancouver (und umgekehrt) ermöglicht. Die Angestellten der Firma sprechen zum Teil Deutsch (Cruise Canada, 2980-26 Street N.E., Calgary, Alberta T1Y 6R7, Tel. 4 03/2 91-49 63). Wer im Yukon Territory längere Strecken zurücklegen möchte, sollte sich vorher über die Tankstellen informieren, die teilweise 300 km voneinander entfernt sind. Genaueres erfahren Sie über die **Canadian Automobile Association (CAA)**, 1775 Courtwood Cr., Ottawa, Canada K2C 3J2, Tel. 6 13/2 26-76 31.

Mit der Eisenbahn

Die Eisenbahngesellschaft **VIA Rail** bedient das gesamte kanadische Streckennetz. Ein besonderes Reiseerlebnis ist die Fahrt mit der »Silver & Blue Class« zwischen Toronto und Vancouver. Jeder Zug hat zwei »domecars« (Aussichtswaggons mit Glaskuppeln, keine Platzreservierung). VIA Rail bietet einen »CanRail-Pass« an, den Sie 30 Tage lang an zwölf frei wählbaren Tagen zu beliebig vielen Fahrten auf dem gesamten Streckennetz nutzen können. Reservierungen und Tickets über **Canada Reise Dienst** (Stadthausbrücke 1–3, 20355 Hamburg; Tel. 0 40-3 00 61 60, Fax 30 06 16 55; www.crd.de).

Ein einmaliges Erlebnis ist die Fahrt mit dem »Rocky Mountaineer«. Der Zug fährt von Ende Mai bis Anfang Oktober von Calgary über Banff und Kamloops nach Vancouver bzw. umgekehrt. Bei der zweitägigen Bahnfahrt durchqueren Sie die Prärie und die südlichen Rocky Mountains, gleiten durch die Nationalparks von Yoho und Glacier und passieren längs

Kanadas Westen von A–Z: Verkehrsverbindungen – Zoll

Trip mit nostalgischem Charme: Eine Zugfahrt durch die Rocky Mountains gehört zu den ganz besonderen Urlaubserinnerungen.

des Fraser und Thompson River den Cathedral Mountain und den Shuswap Lake.

Mit dem Bus
Greyhound-Busse verkehren auf allen gängigen Strecken. Pässe für unbegrenztes Fahren, die nur in Deutschland gekauft werden können, variieren zwischen 110 € für eine Woche und 250 € für 60 Tage. Informationen erteilt ebenfalls der Kanada-Reisedienst (siehe unter Eisenbahn).

Zeitungen
In den Hotels liegt meist eine der großen Zeitungen vor der Zimmertür, ansonsten halten Kioske eine breite Auswahl der rund 100 kanadischen Tageszeitungen bereit. Auch deutsche Zeitungen gibt es in den großen Städten, meist allerdings mit einem Tag Verspätung. Die größten kanadischen Tageszeitungen sind *Globe & Mail* und *Toronto Star*. In Calgary, Edmonton und Vancouver berichten Szene-Magazine über die aktuellen Veranstaltungen.

Zeitverschiebung
Die in diesem Band beschriebene Region hat zwei Zeitzonen, die oft nicht mit einer Provinzgrenze zusammenfallen: in Nordost-Saskatchewan, Alberta und dem östlichen British Columbia die »Mountain Standard Time« (MEZ minus 8 Stunden) und in British Columbia die »Pacific Standard Time« (MEZ minus 9 Stunden). Ende April und Ende Oktober werden die Uhren im Westen Kanadas auf Sommer- bzw. Winterzeit umgestellt.

Zoll
Persönliche Gebrauchsgegenstände wie Radio, Kamera, tragbares Fernsehgerät, Fahrrad oder Sportartikel können problemlos importiert werden. Zollbeamte können allerdings eine Kaution auf Geräte erheben, von denen sie annehmen, dass sie in Kanada verkauft werden. Bei der Ausfuhr wird das Geld zurückerstattet.

Alkoholische Getränke und Tabak dürfen in geringem Maß eingeführt werden, persönliche Geschenke dürfen einen Wert von 60 Can$ nicht überschreiten. Verderbliche Lebensmittel, Pflanzen, Saatgut und Handfeuerwaffen dürfen nicht importiert werden.

Die siebenprozentige »Goods and Services Tax« (GST), vergleichbar mit der deutschen Mehrwertsteuer, können Touristen unter bestimmten Bedingungen rückerstattet bekommen. Wenn der Erstattungsbetrag unter 500 Can$ liegt, kann man am Abreisetag alle Quittungen im Duty Free Shop vorlegen und erhält das Geld zurück. Liegt der Erstattungsbetrag darüber, muss ein schriftlicher Antrag (inkl. aller Quittungen) an die folgende Adresse gestellt werden:

Revenue Canada
Customs & Excise – GST; Visitor's Rebate Ottawa, Canada K1A 1J5; das GST-Büro unterhält eine gebührenfreie Nummer, unter der man Mo–Fr 9–21 Uhr aktuelle Informationen erhält; Tel. 1-8 00-66 VIST (überall aus Kanada), 0 01/6 13/ 9 91-33 46 (aus Europa)

Kartenatlas

Orientierung leicht gemacht: mit Planquadraten und allen Orten und Sehenswürdigkeiten.

Legende

Routen und Touren
- Alberta und British Columbia (S. 80)
- Südliches Alberta (S. 81)
- Central British Columbia (S. 82)
- Yellowhead Highway (S. 83)
- Icefields Parkway (S. 85)
- Vancouver Island (S. 88)
- Inside Passage (S. 89)

Sehenswürdigkeiten

- MERIAN-TopTen
- MERIAN-Tipp
- Sehenswürdigkeit, öffentl. Gebäude
- Sehenswürdigkeit Kultur
- Sehenswürdigkeit Natur

Sehenswürdigkeiten ff.
- Kirche; Kloster
- Schloss, Burg; Ruine
- Moschee, Synagoge
- Museum, Denkmal
- Leuchtturm
- Windmühle

Verkehr
- Autobahn
- Autobahnähnliche Straße
- Fernverkehrsstraße
- Hauptstraße
- Nebenstraße
- Unbefestigte Straße, Weg
- Fußgängerzone

Verkehr ff.
- Parkmöglichkeit
- Busbahnhof, Bushaltestelle
- Métrostation, U-Bahn
- Bahnhof
- Schiffsanleger
- Flughafen, Flugplatz

Sonstiges
- Information
- Theater
- Markt
- Zoo
- Botschaft, Konsulat
- Aussichtspunkt
- Friedhof
- National-, Naturparkgrenze

108

A | B | C

Beauforts

- Barter Island
- Kaktovik
- Griffin Point
- Jago River
- Icy Reef
- Demarcation Point
- Gordon
- Herschel I.
- Herschel 182
- Ivvavik
- Firth River
- Kay Pt.
- Mackenzie Bay
- Pelly I.
- Eltice I.
- Ric Is
- Olivier Is.
- Langley
- Mt. Greenough 2207
- British Mountains
- National Park
- Babbage River
- 1143
- Davidson Mts.
- Porcupine
- Blow River
- Big Fish R.
- West Channel
- Mac
- Bear Mt. 1601
- National Wildlife Refuge
- Richardson
- Aklavik
- 1676
- Coleen River
- Old Crow Mt. 1271 Old Crow
- Porcupine River
- USA (Alaska)
- Old Rampart
- Porcupine Plain
- Sharp Mt. 1035
- Rock River
- Hud Mt. 856
- Mountains
- Eagle River
- Yukon Flats
- Eagle Plains
- 1343
- Miner River
- Ogilvie
- Peel River
- 440
- Yukon-Charley Rivers National Preserve
- Mt. Klotz 1905
- Ogilvie
- Yukon Territor
- Nation
- 5
- Dempster Highway
- Fort Egbert Nat. Hist. Site
- Eagle
- 1905
- Hart River
- Wind R
- Glacier Mt. 1905
- Yukon River
- 66
- Chicken
- Jack Wade
- Top of the World Highway
- 104
- 9
- Dawson City
- 5
- Stewar
- Mt. Hart

110

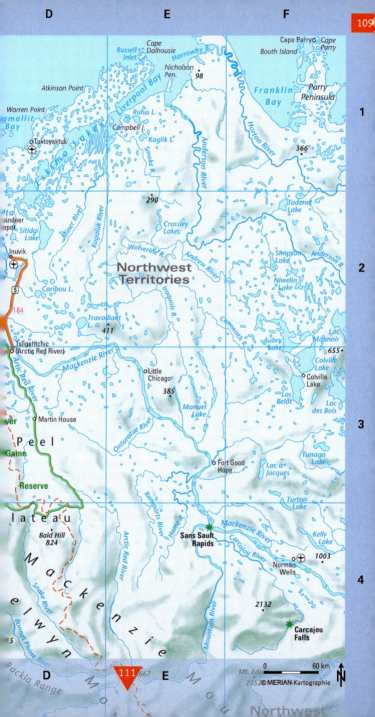

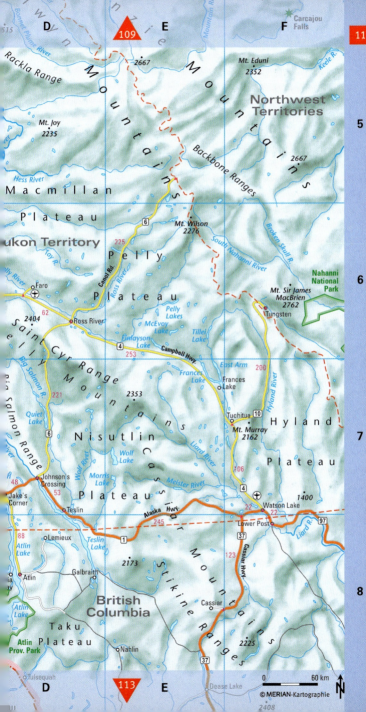

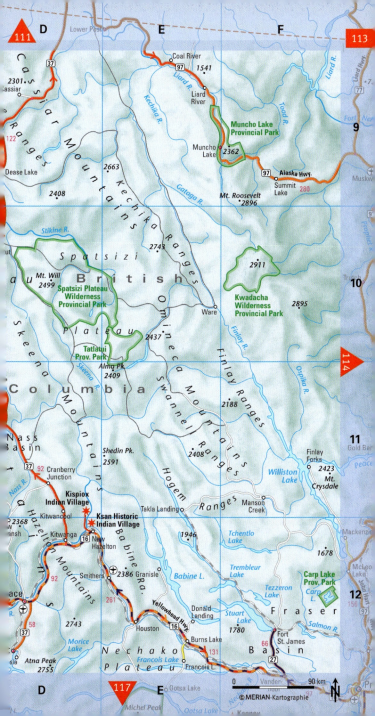

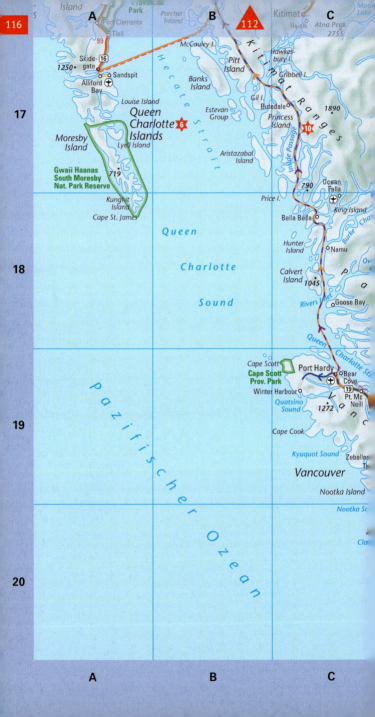

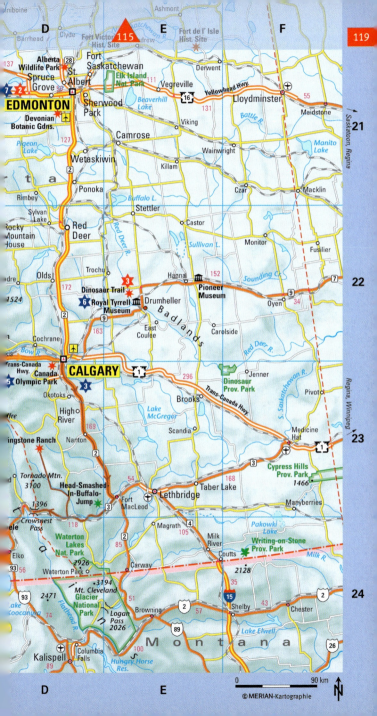

Kartenregister

100 Mile House ○ 117, F18
150 Mile House ○ 117, F18
70 Mile House ○ 117, F18

A

Abraham Lake ~ 118, C22
Adams Lake ~ 118, A22
Admiralty Island ▲ 112, B10
Aishihik ○ 110, B6
Aklavik ○ 108, C2
Akvik R. ~ 115, E16
Alaska Highway ★ 110, A6
Alaska Highway ★ 111, E8
Alberni ○ 117, D20
Alder Flats ○ 119, D21
Alert Bay ○ 116, C19
Alexander Archipelago ▲ 112, A9
Alice Arm ○ 113, D11
Alliford Bay ○ 116, A17
Alma Pk. s 113, E11
Ambition Mtn. s 112, C10
Anacortes ○ 117, F20
Anahim Lake ○ 117, D18
Anderson River ~ 109, E1
Andrew ○ 115, F16
Andrew River ~ 109, E2
Anette I. ▲ 112, B12
Angoon ○ 112, B10
Anzac ○ 115, F15
Apex Mtn. s 110, B6
Arctic Red River ~ 109, E4
Aristazabal Island ▲ 116, B17
Artic Red River ~ 109, D3
Ashmont ○ 115, F16
Athabasca Falls ~ 118, B21
Athabasca ○ 115, E16
Athabasca River ~ 115, E16
Atkinson Point ▲ 109, D1
Atlin Lake ~ 111, D8
Atlin ○ 111, D8
Atlin Prov. Park ☆ 111, D8
Atmore ○ 115, F16
Atna Peak s 113, D12
Auke Bay ○ 112, B9

B

Babbage River ~ 108, B2
Babine Lake ~ 113, E12
Babine Range s 113, E11
Backbone Ranges s 111, E5
Badlands s 119, E22
Baker Island ▲ 112, A11
Bald Hill s 109, D4
Balfour ○ 118, C24
Bamfield ○ 117, D20
Banff ○ 118, C22
Banff National Park ☆ 118, C22
Banks Island ▲ 116, B17
Baran of Island ▲ 112, A10
Barkerville Historic Town ★ 117, F17
Barkerville ○ 117, F17
Barkley Sound ~ 117, D20
Barrhead ○ 115, E16
Barter Island ▲ 108, A1
Battle R. ~ 119, F21
Bear Cove ○ 116, C19
Bear Mt. s 108, A2
Beatton River ~ 114, A15
Beatton River ~ 114, A14
Beaufort Sea ~ 108, C1
Beaverhill Lake ~ 119, E21
Behm Canal ~ 112, B11
Bell Island Hot Springs ○ 112, C11
Bella Bella ○ 116, C18
Bella Coola ○ 117, D18
Bella Coola River ~ 117, D18
Bellingham ○ 117, F20
Bennett ○ 110, C8
Big Salmon Range s 111, D7

Birch Mountains s 115, E14
Birch River ~ 115, E14
Bistcho Lake ~ 114, B13
Blaine ○ 117, F20
Blow River ~ 108, B2
Blue River ○ 118, A22
Booth Island ▲ 109, F1
Border City Lodge ○ 110, A6
Boston Bar ○ 117, F19
Boundary Ranges s 112, C11
Bow River ~ 119, D22
Bow Valley Pkwy. ★ 118, C22
Bowron Lake Prov. Park ☆ 117, F17
Bowron River ~ 117, F17
Brainard ○ 114, B16
Breaver Creek ○ 110, A6
Breynat ○ 115, F16
British Mountains s 108, A1
Broken Skull River ~ 111, F6
Brooks ○ 119, E23
Browning ○ 119, E24
Buffalo Head Hills s 115, D14
Buffalo Lake ~ 119, E21
Buick ○ 114, A15
Burke Channel ~ 116, C18
Burns Lake ○ 113, E12
Butedale ○ 116, C17

C

Cache Creek ○ 117, F19
Calgary ○ 119, D22
Calling Lake ○ 115, E16
Calvert Island ▲ 116, C18
Campbell Highway ★ 111, E6
Campbell Island ▲ 109, E1
Campbell River ○ 117, D19
Camrose ○ 119, E21
Canol Rd. ★ 111, D6
Cape Chacon ▲ 112, B12
Cape Cook ▲ 116, B19
Cape Dalhousie ○ 109, E1
Cape Fairweather ▲ 110, B8
Cape Flattery ▲ 117, D20
Cape Ommaney ▲ 112, A11
Cape Parry ▲ 109, F1
Cape Parry ○ 109, F1
Cape Scott ▲ 116, B19
Cape Spencer ▲ 112, A9
Cape St. James ▲ 116, A18
Carcajou River ~ 109, F4
Carcross ○ 110, C7
Cariboo Highway ★ 117, F17
Cariboo Mountains s 115, D13
Carmacks ○ 110, C6
Carmi ○ 118, A24
Carolside ○ 119, E22
Carp Lake ~ 113, F12
Carpenter Lake ~ 117, F19
Carway ○ 119, E24
Cascade Range s 117, F20
Cassiar Highway ★ 111, F8
Cassiar ○ 111, E8
Cassiar ○ 113, D9
Cassiar Mountains s 113, D9
Cassiar-Stewart Highway ★ 112, C10
Castle Mountain ○ 118, C22
Castlegar ○ 118, B24
Castor ○ 119, E22
Champagne ○ 110, C7
Charlotte Lake ~ 117, D18
Chatham Strait ~ 112, A10
Cherryville ○ 118, B23
Chester ○ 119, F24
Chetwynd ○ 114, A15
Chichagof Island ▲ 112, A9
Chichagof ○ 112, A9
Chicken ○ 110, A5
Chilcotin River ~ 117, E18
Chilko Lake ~ 117, E18

Chilko River ~ 117, E18
Chilkoot Pass ~ 110, C8
Chisana ○ 110, A6
Christian Sound ~ 112, A11
Christina Lake ○ 118, B24
Clarence Str. ~ 112, B11
Clayoquot Sound ~ 116, C20
Clear Hills s 114, B15
Clearwater ○ 118, A22
Clearwater River ~ 118, C21
Clevelan Pen. ▲ 112, B11
Clinton ○ 117, F19
Clyde ○ 115, E16
Coal River ○ 113, E9
Coast Mountains s 112, B9
Cochrane ○ 119, D22
Coffee Creek ○ 110, B6
Coleen River ~ 108, A3
Columbia Falls ○ 119, D24
Columbia Lake ~ 118, C23
Columbia Mountains s 118, A22
Columbia River ~ 118, B22
Colville Lake ○ 109, F3
Colville Lake ~ 109, F3
Conklin ○ 115, F15
Coquitlam ○ 117, F20
Coronation Island ▲ 112, A11
Courtenay ○ 117, D19
Coutts ○ 119, E24
Craig ○ 112, B11
Craigend ○ 115, F16
Cranberry Junction ○ 113, D11
Cranbrook ○ 118, C24
Crescent Falls ★ 118, C22
Creston ○ 118, C24
Crowsnest Pass s 119, D23
Cypress Hills Prov. Park ☆ 119, F23
Czar ○ 119, F21

D

D. Thompson Hwy. ★ 118, C22
Dall Island ▲ 112, B11
Davidson Mts. s 108, A2
Dawson City ○ 110, B5
Dawson Creek ○ 114, B15
Dawson Range s 110, A6
Dease Lake ○ 112, C9
Dease Lake ○ 113, D9
Debolt ○ 114, C16
Delta ○ 117, E20
Demarcation Point ▲ 108, A1
Dempster Highway ★ 108, B4
Derwent ○ 119, E21
Destruction Bay ○ 110, B7
Dezadeash ○ 110, B7
Dinosaur Prov. Park ☆ 119, F23
Dixon Entrance ~ 112, B12
Dixonville ○ 114, C15
Dog Creek ○ 117, F18
Donald Landing ○ 113, E12
Donnelly ○ 114, C15
Drayton Valley ○ 119, D21
Drumheller ○ 119, E22
Dry Bay ~ 110, B8
Duke Island ▲ 112, C12
Duncan ○ 117, E20
Dundas Island ▲ 112, C12
Dunvegan Hist. Site ★ 114, C15
Dunvegan ○ 114, C15

E

Eagle ○ 108, A4
Eagle Plains ○ 108, C3
Eagle River ~ 108, C3
Earls Cove ○ 117, E19
Edmonton ○ 119, D21
Edson ○ 118, C21
Edziza Peak s 112, C10
Elk Island Nat. Park ☆ 119, E21

Kartenregister 121

Elkford ○ 119, D23
Elko ○ 119, D24
Eltice Island ▲ 108, C1
Emerald L. ~ 118, C22
Engineer ○ 111, D8
Entwistle ○ 119, D21
Erederick Sound ~ 112, B10
Eskimo Lakes ~ 109, D2
Estevan Group ▲ 116, B17
Etolin Island ▲ 112, B11
Eutsuk Lake ~ 117, D17

F

Fairmont Hot Springs ○ 118, C23
Faro ○ 111, D6
Field ○ 118, C22
Finlay Forks ○ 113, F11
Finlay Ranges s 113, E10
Finlay River ~ 113, F10
Firth River ~ 108, B1
Flathead River ~ 119, D24
Flores Island ▲ 116, C20
Fontas ○ 114, A14
Fontas River ~ 114, A14
Forestry Trunk Rd. ★ 118, C21
Fort Assiniboine ○ 115, E16
Fort Chipewyan ○ 115, F13
Fort Egbert Nat. Hist. Site ★ 108, A4
Fort Good Hope ○ 109, E3
Fort Macleod ○ 119, E23
Fort McKay ○ 115, F14
Fort McMurray ○ 115, F15
Fort McPherson ○ 108, C3
Fort Nelson ○ 114, A13
Fort Nelson River ~ 114, A13
Fort Saskatchewan ○ 119, D21
Fort St. James ○ 113, F12
Fort St. John ○ 114, B15
Fort Steele ★ 118, C24
Fort Vermilion ○ 115, D14
Fox Creek ○ 115, D16
Frances Lake ~ 111, E7
Frances River ~ 111, E7
Francois Lake ○ 113, E12
Franklin Bay ~ 109, F1
Fraser Basin ∞ 113, F12
Fraser Canyon ★ 117, F20
Fraser Plateau ∞ 117, D18
Fraser River ~ 118, A21
Fusilier ○ 119, F22

G

Galbraith ○ 111, D8
Galena Bay ○ 118, B23
Garibaldi ○ 117, E19
Garibaldi Prov. Park ☆ 117, F19
Gataga River ~ 113, E9
Gift Lake ○ 115, D15
Gil Island ▲ 116, B17
Glacier Bay ~ 110, B8
Glacier Bay National Park and Preserve ☆ 110, C8
Glacier Mt. s 108, A4
Glacier National Park ☆ 118, B22
Glenboyle ○ 110, B5
Glenlyon Peak s 110, C6
Gold Bar ○ 114, A15
Gold Bridge ○ 117, E19
Gold River ○ 117, D19
Golden Hinde ∞ 117, D19
Golden ○ 118, C22
Goose Bay ○ 116, C18
Gordon ○ 108, A1
Graham Island ▲ 112, B12
Grande Prairie ○ 114, C16
Granisle ○ 113, E12
Granite Bay ○ 117, D19
Grey Hunter Peak s 110, C5
Gribbell Island ▲ 116, C17

Griffin Point ▲ 108, A1
Grouard ○ 115, D15
Gustavus ○ 112, A9

H

Haida ○ 112, B12
Haines Highway ★ 110, C8
Haines Junction ○ 110, B7
Haines ○ 110, C8
Haisla ○ 113, D12
Halverson Ridge s 114, B15
Hanceville ○ 117, E18
Hanna ○ 119, E22
Harrison Lake ~ 117, F20
Harrowby B. ~ 109, E1
Hawk Inlet ~ 112, B9
Hawkesbury Island ▲ 116, C17
Hay R. ~ 114, C13
Hazelton Mountains s 113, D11
Head-Smashed-In-Buffalo-Jump ★ 119, D23
Hecate Strait ~ 116, B17
Heceta Island ▲ 112, A11
Herschel Island ▲ 108, B1
Herschel ○ 108, B1
Hess River ~ 111, D5
High Level ○ 114, C13
High River ○ 119, D22
Hines Creek ○ 114, C15
Hinton ○ 118, B21
Hogem Ranges s 113, E11
Hollis ○ 112, B11
Hoonah ○ 112, A9
Hope ○ 117, F20
Horsefly ○ 117, F18
Horton River ~ 109, F1
Hotchkiss ○ 114, C14
Houston ○ 113, E12
Hud Mt. s 108, A3
Hudson's Hope ○ 114, A15
Hungry Horse Res. ~ 119, E24
Hunter Island ▲ 116, C18
Hydaburg ○ 112, B11
Hyder ○ 112, C11
Hyland Plateau ∞ 111, F7
Hyland River ~ 111, F7

I

Icefields Parkway ★ 118, B22
Icy Bay ~ 110, A8
Icy Reef ▲ 108, A1
Icy Strait ~ 112, A9
Indian Cabins ○ 114, C13
Inuvik ○ 109, D2
Invermere ○ 118, C23
Iphigenia Bay ~ 112, A11
Iroquois River ~ 109, E2
Iskut River ~ 112, C10
Ivvavik National Park ☆ 108, B1

J

Jack Wade ○ 110, A5
Jago River ~ 108, A1
Jasper ○ 118, B21
Jasper Nat. Park ☆ 118, B21
Jenner ○ 119, F23
John Hart Highway ★ 114, A16
Johnsons Crossing ○ 111, D7
Johnston Canyon ★ 118, C22
Juande Fuca Strait ~ 117, D20
Juneau ○ 112, B9

K

Kaigani ○ 112, B12
Kake ○ 112, B10
Kaktovik ○ 108, A1
Kalispell ○ 119, D24
Kamloops ○ 118, A23

Kamloops Plateau ∞ 118, A23
Kantah River ~ 114, B14
Kay Pt. ▲ 108, B1
Kechika Ranges s 113, E9
Kechika River ~ 113, E9
Keele River ~ 111, F5
Kelowna ○ 118, A23
Keno City ○ 110, C5
Keremeos ○ 118, A24
Ketchikan ○ 112, C11
Kettle Falls ○ 118, B24
Khswan Mtn. ▲ 112, C11
Kicking Horse Pass s 118, C22
Killam ○ 119, E21
Kimberley ○ 118, C23
Kinbasket Lake ~ 118, B22
King Island ▲ 116, C18
Kinuso ○ 115, D16
Kiskatinaw River ~ 114, B16
Kitimat ○ 113, D12
Kitimat Ranges s 116, B17
Kitwanga ○ 113, D12
Klawock ○ 112, B11
Klinaklini River ~ 117, D18
Klondike Highway ★ 110, B5
Klondike Plateau ∞ 110, A5
Kluane Lake ~ 110, B7
Koidern ○ 110, A6
Kootenay Bay ○ 118, C23
Kootenay Lake ~ 118, C23
Kootenay Nat. Park ☆ 118, C23
Kootenay River ~ 118, C24
Kotcho Lake ~ 114, B13
Kotcho River ~ 114, B13
Kruz of Island ▲ 112, A10
Ksan Hist. Indian Village ★ 113, D12
Kugaluk River ~ 109, D1
Kugmallit Bay ~ 109, D1
Kuiu Island ▲ 112, B10
Kunghit Island ▲ 116, A18
Kupreanof Island ▲ 112, B10
Kusawa Lake ~ 110, C7
Kwadacha Wilderness Provincial Park ☆ 113, F10
Kyuquot Sound ~ 116, C19

L

La Corey ○ 115, F16
Lac à Jacques ~ 109, F3
Lac Belot ~ 109, F3
Lac des Bois ~ 109, F3
Lac la Biche ~ 115, F16
Ladue River ~ 110, A5
Lake Athabasca ~ 115, F13
Lake Claire ~ 115, E13
Lake Cowichan ○ 117, E20
Lake Elwell ~ 119, F24
Lake Koocanusa ~ 119, D24
Lake Laberge ~ 110, C7
Lake Louise ○ 118, C22
Lake Mc Gregor ~ 119, E23
Langara Island ▲ 112, B12
Langley Island ▲ 108, C1
Lemieux ○ 111, D8
Lesser Slave Lake ~ 115, D15
Lethbridge ○ 119, E23
Lewes Plateau ∞ 110, C6
Liard River ~ 111, F8
Liard River ~ 113, E9
Libby ○ 119, D24
Likely ○ 117, F18
Lillooet ○ 117, E19
Lillooet River ~ 117, E19
Little Chicago ○ 109, E3
Little Fort ○ 118, A22
Little Smoky River ~ 118, B21
Liverpool Bay ~ 109, E1
Livingstone Ranch ★ 119, D23
Lloydminster ○ 119, F21

M

Logan Pass s 119, E24
Louise Island ▲ 116, A17
Lower Arrow Lake ~ 118, B24
Lower Post ○ 111, F8
Lund ○ 117, D19
Lyell Island ▲ 116, A17
Lytton ○ 117, F19

M

Mackenzie Bay ~ 108, B1
Mackenzie Delta ~ 108, C2
Mackenzie Highway ★ 114, C15
Mackenzie ○ 114, A16
Mackenzie Mountains s 109, D4
Mackenzie River ~ 109, D3
Macklin ○ 119, F21
Macmillan Plateau ∞ 111, D5
Magrath ○ 119, E24
Maidstone ○ 119, F21
Malaspina Glacier ~ 110, A8
Maligne Canyon ★ 118, B21
Maligne Lake ~ 118, B21
Manito Lake ~ 119, F21
Manning Prov. Park ☆ 118, A24
Manson Creek ○ 113, F11
Mansons Ldg. ○ 117, D19
Manyberries ○ 119, F23
Margaret Lake ~ 115, D13
Margie ○ 115, F15
Marguerite ○ 117, F18
Martin House ○ 109, D3
Masset ○ 112, B12
Mayo Lake ~ 110, C5
Mazama ○ 118, A24
McBride ○ 118, A21
McCauley Island ▲ 116, B17
McLeod Lake ○ 114, A16
Meadow Creek ○ 118, C23
Meander River ○ 114, C13
Medicine Hat ○ 119, F23
Meister River ~ 111, E7
Mellon ○ 117, E20
Merritt ○ 118, A23
Mica Creek ○ 118, B22
Mica Dam ★ 118, B22
Michel Peak ▲ 117, D17
Middle Channel ~ 108, C2
Midway Range s 118, B24
Miette Hot Springs ★ 118, B21
Milk River ○ 119, E24
Milligan Hills s 114, B14
Miner River ~ 109, D2
Minto ○ 110, C6
Mission ○ 117, F20
Monarch Mtn. ▲ 117, D18
Monashee Mountains ∞ 118, A22
Monitor ○ 119, F22
Moresby Island ▲ 116, A17
Morice Lake ~ 113, D12
Mountain River ~ 109, E4
Moyie Springs ○ 118, C24
Mt. Arkell ▲ 110, C7
Mt. Baker ▲ 117, F20
Mt. Bona ▲ 110, A7
Mt. Bonaparte ▲ 118, A24
Mt. Cleveland ▲ 119, D24
Mt. Crysdale ▲ 113, F11
Mt. Downton ▲ 117, D17
Mt. Edith Cavell s 118, B21
Mt. Eduni s 111, F5
Mt. Edziza Prov. Park ☆ 112, C10
Mt. Fairweather s 110, B8
Mt. Farnham ▲ 118, C23
Mt. Greenough ▲ 108, A1
Mt. Grillon ▲ 112, A9
Mt. Hart ▲ 110, A5
Mt. Hickman ▲ 112, C10
Mt. Hubbard ▲ 110, A7
Mt. Joffre ▲ 119, D23

Mt. Joy ▲ 111, D5
Mt. Klotz ▲ 108, B4
Mt. Logan ▲ 110, A7
Mt. Michener ▲ 118, C22
Mt. Nansen ▲ 110, B6
Mt. Nesselrode ▲ 110, C8
Mt. Nesselrode ▲ 112, B9
Mt. Patterson ▲ 110, C5
Mt. Patullo ▲ 112, C11
Mt. Queen Bess ▲ 117, D18
Mt. Ratz ▲ 112, B10
Mt. Revelstoke Nat. Park ☆ 118, B22
Mt. Robson Prov. Park ☆ 118, A21
Mt. Robson ▲ 118, A21
Mt. Roosevelt ▲ 113, F9
Mt. Sir Alexander ▲ 118, A21
Mt. Sir James MacBrien ▲ 111, F6
Mt. St. Elias ▲ 110, A7
Mt. Steele ▲ 110, A7
Mt. Vernon ▲ 117, F20
Mt. Waddington ▲ 117, D18
Mt. Will ▲ 113, D10
Mt. Wilson ▲ 111, E6
Mtn. Point ○ 112, C11
Muncho Lake ○ 113, E9
Muncho Lake Provincial Park ☆ 113, F9
Murtle Lake ~ 118, A22
Musket River ○ 118, B21
Muskwa ○ 114, A13

N

N. Saskatchewan River ~ 115, F16
N. Thompson River ~ 118, A23
Nahanni National Park ☆ 111, F6
Nahlin ○ 111, E8
Nahlin ○ 112, C9
Nahlin Plateau ∞ 112, B9
Naikoon Provincial Park ☆ 112, B12
Nakusp ○ 118, B23
Namu ○ 116, C18
Nanaimo ○ 117, E20
Nanton ○ 119, D23
Nass Basin ∞ 113, D11
Nass River ~ 113, D11
Nation ○ 108, A4
National Park ☆ 110, B7
National Wildlife Refuge ☆ 108, A2
Nazko ○ 117, E17
Neah Bay ○ 117, F20
Nechako Plateau ∞ 113, E12
Nechako River ~ 117, E17
Needles ○ 118, B23
Nelson ○ 118, C24
Nemaiah Valley ○ 117, E18
New Aiyansh ○ 113, D12
New Hazelton ○ 113, D12
Nicholson Pen. ▲ 109, E1
Nisutlin Plateau ∞ 111, D7
Nitinat ○ 117, E20
Nootka Island ▲ 116, C19
Nootka Sound ~ 116, C20
Nordegg ○ 118, C22
Nordman ○ 118, C24
Norman Wells ○ 109, F4
North Cascades Nat. Park ☆ 117, F20
North Star ○ 114, C15
Noyes Island ▲ 112, A11

O

Ocean Cape ▲ 110, A8
Ocean Falls ○ 116, C18
Ogilvie ○ 108, B4
Ogilvie Mountains s 108, A3
Okanagan Lake ~ 118, A23
Okanagan Valley ∞ 118, B24
Okotoks ○ 119, D23
Old Crow ○ 108, B2
Old Crow Mt. s 108, A2
Old Rampart ○ 108, A3

Old Sitka ○ 112, A10
Olds ○ 119, D22
Olivier Island ▲ 108, C1
Olympic Park ★ 119, D23
Omak ○ 118, A24
Omineca Mountains s 113, E10
Ootsa Lake ~ 117, D17
Ootsa Lake ○ 117, D17
Oroville ○ 118, A24
Osoyoos ○ 118, A24
Ospika River ~ 113, F11
Owikeno Lake ~ 116, C18
Oyen ○ 119, F22

P

Pacific Ranges ▲ 116, C18
Pacific Rim National Park ☆ 117, D20
Pakowki Lake ~ 119, F24
Parksville ○ 117, E20
Parry Peninsula ▲ 109, F1
Parson ○ 118, C23
Pavilion ○ 117, F19
Peace Point ○ 115, E13
Peace River ~ 114, A15
Peace River ○ 114, C15
Peachland ○ 118, A23
Peel Plateau ∞ 109, D3
Peel River ~ 108, B4
Peel River Game Reserve ∞ 109, D3
Pelican ○ 112, A9
Pelly Crossing ○ 110, C6
Pelly Island ▲ 108, C1
Pelly Mountains ▲ 111, D6
Pelly Plateau ∞ 111, E6
Pelly River ~ 111, D6
Pemberton ○ 117, E19
Pembina River ~ 118, C21
Penny ○ 117, F17
Penticton ○ 118, A24
Petersburg ○ 112, B10
Petitot River ~ 114, A13
Pigeon Lake ~ 119, D21
Pink Mountain ○ 114, A14
Pitt Island ▲ 116, B17
Pivot ○ 119, F23
Pocahontas ○ 118, B21
Point Baker ○ 112, B11
Ponoka ○ 119, D21
Porcher Inland ▲ 112, C12
Porcupine ○ 110, C8
Porcupine Plain ▲ 108, B2
Porcupine Plateau ∞ 108, B3
Port Alberni ○ 117, D20
Port Chilkoot ○ 110, C8
Port Clements ○ 112, B12
Port Hardy ○ 116, C19
Powell River ○ 117, E19
Price Island ▲ 116, C18
Priest Lake ~ 118, C24
Prince George ○ 117, F17
Prince of Wales Island ▲ 112, B11
Prince Rupert ○ 112, C12
Princess Island ▲ 116, B17
Princeton ○ 118, A24
Prophet River ~ 114, A14
Provincial Park ☆ 113, D10
Pt. McNeill ○ 116, C19
Pt. Neville ○ 117, D19
Pt. Renfrew ○ 117, E20
Pt. Riou ▲ 110, A8
Punchaw ○ 117, E17
Purcell Mountains ∞ 118, B23

Q

Quatsino Sound ~ 116, C19
Queen Charlotte Islands 112, A12
Queen Charlotte Islands 116, A17
Queen Charlotte Sound ~ 116, B18
Queen Charlotte Str. ~ 116, C18

Kartenregister

Quesnel Lake ~ 118, A21
Quesnel ○ 117, F17

R
Rackla Range ▲ 111, D5
Radium Hot Springs ○ 118, C23
Rainbow Lake ~ 114, B13
Reco ○ 118, C21
Red Deer ○ 119, D22
Red Deer R. ~ 119, E22
Reindeer Depot ○ 109, D2
Revelstoke ○ 118, B23
Revillagigedo Island ▲ 112, C11
Richards Island ▲ 108, C1
Richardson Mountains ▲ 108, C2
Rimbey ○ 119, D21
Riske Creek ○ 117, F18
Rivers Inlet ~ 116, C18
Rockport ○ 117, F20
Rocky Mountain House ○ 119, D22
Rocky Mountains ▲ 118, A21
Rocky Mtn. Hse. Nat. Hist. Park ○ 119, D22
Rose Pt. ▲ 112, B12
Ross Lake ~ 117, F20
Ross River ~ 111, D6
Ruby Range ▲ 110, B7
Russell Fjord Wilderness ∞ 110, B8
Russell Inlet ~ 109, E1
Rycroft ○ 114, C15

S. Juan Islands ○ 117, E20
S. Juan Nat. Hist. Park ☆ 117, E20

S
S. Saskatchewan River ~ 119, F23
S. Thomson River ~ 118, A23
Saanich ○ 117, E20
Saint Cyr Range s 111, D6
Salmon Arm ○ 118, A23
Salmon River ~ 113, F12
Saltery Bay ○ 117, E19
Sandpoint ○ 118, C24
Sandspit ○ 116, A17
Saskatchewan River Crossing ○ 118, C22
Sayward ○ 117, D19
Scandia ○ 119, E23
Scotia Bay ○ 111, D8
Seebe ○ 119, D22
Selwyn Mountains s 109, D4
Sentinel Peak s 114, A16
Sexsmith ○ 114, C16
Sharp Mt. ▲ 108, B3
Shedin Pk. ▲ 113, E11
Shelby ○ 119, F24
Sherwood Park ○ 119, D21
Shuswap Lake ~ 118, A23
Sicamous ○ 118, B23
Silver Trail ★ 110, C5
Silverthrone Mtn. ▲ 117, D18
Simoon Harbour ○ 116, C19
Sitidgi Lake ~ 109, D2
Sitka ○ 112, A10
Sitka Sound ~ 112, A10
Skagway ○ 110, C8
Skeena Mountains ▲ 113, D10
Skeena River ~ 113, D11
Skidegate ○ 116, A17
Slave Lake ○ 115, D16
Smith ○ 115, E16
Smithers ○ 113, E12
Smoky River ~ 114, C16
Snake Indian Falls ★ 118, B21
Snowshoe Peak s 118, C24
Sounding Cr. ~ 119, F22
South Nahanni River ~ 111, E6
Spatsizi Plateau ∞ 113, D10
Spatsizi Plateau Wilderness ,
Springs ○ 112, A9

Spruce Grove ○ 119, D21
Squamish ○ 117, E19
Squilax ○ 118, A23
St. Albert ○ 119, D21
St. Elias Mountains s 110, A7
Steen River ○ 114, C13
Stephens Island ▲ 112, B12
Stettler ○ 119, E22
Stewart Crossing ○ 110, C5
Stewart ○ 112, C11
Stewart Plateau ∞ 110, C5
Stewart River ~ 110, B5
Stikine Plateau ∞ 112, C9
Stikine Ranges ▲ 111, E8
Stikine Ranges ▲ 112, C9
Stikine River ~ 112, C10
Strait of Georgia ~ 117, D19
Strathcoma Prov. Park ☆ 117, D20
Stuart Lake ~ 113, F12
Stuie ○ 117, D18
Suemez Island ▲ 112, B11
Sukkwan Island ▲ 112, B11
Sukunka River ~ 114, A16
Sullivan Lake ~ 119, E22
Summer Strait ~ 112, B11
Summerland ○ 118, A24
Summit Lake ○ 113, F9
Summit Lake ○ 114, A16
Sundre ○ 119, D22
Sunwapta Falls ★ 118, B22
Sunwapta Pass ▲ 118, B22
Surray ○ 117, F20
Swan Hills ○ 115, D16
Swan Hills s 115, D16
Swan River ~ 115, D16
Swannell Ranges ▲ 113, E11
Swartz Bay ○ 117, E20

T
Taber Lake ○ 119, E23
Tadenet Lake ~ 109, F2
Tahsis ○ 116, C19
Takla Landing ○ 113, E11
Taku Plateau ∞ 111, D8
Taku River ~ 112, B9
Tanani ○ 110, C8
Taseko River ~ 117, E18
Tatla Lake ○ 117, E18
Tatlatui Prov. Park ☆ 113, E10
Tatlayoko Lake ~ 117, D18
Tatshenshini River ~ 110, B8
Tatshenshini-Alesk Kluane ,
Taylor Highway ★ 110, A5
Tchentlo Lake ~ 113, F12
Teepee ○ 110, C8
Telegraph Creek ○ 112, C10
Telegraph Range s 117, E17
Terrace ○ 113, D12
Teslin ○ 111, D7
Teslin River ~ 111, D7
Tête Jaune Cache ○ 118, A21
Texada Island ○ 117, E20
Tezzeron Lake ~ 113, F12
Tlell ○ 112, B12
Tofino ○ 117, D20
Tornado Mtn. s 119, D23
Trail ○ 118, B24
Trans-Canada Highway ★ 117, F20
Triangle ○ 115, D16
Trochu ○ 119, E22
Trutch ○ 114, A14
Tsiigehtohic ○ 109, D3
Tuchitua ○ 111, F7
Tuktoyaktuk ○ 109, D1
Tumbler Ridge ○ 114, B16
Tungsten ○ 111, F6
Tununuk ○ 108, C1
Tweedsmuir Provincial Park ☆ 117, D17

U
Ucluelet ○ 117, D20
Upper Arrow Lake ~ 118, B23
Utikuma Lake ~ 115, D15

V
Valemount ○ 118, A21
Valleyview ○ 114, C16
Vancouver Island ▲ 116, C19
Vancouver Island Ranges s 116, C19
Vancouver ○ 117, E20
Vanderhoof ○ 117, E17
Vegreville ○ 119, E21
Vernon ○ 118, A23
Victoria ○ 117, E20
Viking ○ 119, E21

W
Wabasca River ~ 115, D14
Wainwright ○ 119, F21
Ware ○ 113, E10
Warren Point ▲ 109, E1
Waterton Lakes Nat. Park ☆ 119, D24
Waterton Park ○ 119, D24
Watino ○ 114, C15
Watson Lake ○ 111, F7
Wells Gray Provincial Park ☆ 118, A22
Wentzel Lake ~ 115, D13
West Channel ~ 108, C2
Wetaskiwin ○ 119, D21
Whidbey Island ▲ 117, E20
Whistler ○ 117, E19
White Pass s 110, C8
White River ~ 110, A6
Whitecourt ○ 115, D16
Whitehorse ○ 110, C7
Williams Lake ○ 117, F18
Williston Lake ~ 113, F11
Willmore Wilderness Provincial Park ☆ 118, A21
Willow River ○ 117, F17
Wind River ~ 108, C4
Windham ○ 112, B10
Winter Harbour ○ 116, C19
Wood Buffalo National Park ☆ 115, E13
Wrangell Island ▲ 112, B11
Wrangell ○ 112, B11
Wrangell-St. Elias National Park and Preserve ☆ 110, A7
Writing-on-Stone Prov. Park ☆ 119, F24

Y
Yaak ○ 118, C24
Yahk ○ 118, C24
Yakobi Island ▲ 112, A9
Yakutat Bay ~ 110, A8
Yakutat ○ 110, A8
Yellowhead Highway ★ 118, A21
Yoho Nat. Park ☆ 118, C22
Yukon Flats ∞ 108, A3
Yukon River ~ 108, A4
Yukon-Charley-Rivers National Preserve ☆ 108, A4

Z
Zama Lake ~ 114, B13
Zarembo Island ▲ 112, B11
Zeballos ○ 116, C19

Zeichenerklärung
○ Orte
☆ Kap, Insel
▲ Gebirge
∞ Landschaft
~ Gewässer, Strand
★ Sehenswürdigkeit
☆ Nationalpark

Orts- und Sachregister

Hier finden Sie alphabetisch aufgeführt alle in diesem Band beschriebenen Orte und Ziele, Routen und Touren. Bei einzelnen Sehenswürdigkeiten steht jeweils der dazugehörige Ort in Klammern, bei Hotels steht zusätzlich die Abkürzung H für Hotel. Außerdem enthält das Register wichtige Stichworte sowie alle MERIAN-TopTen und MERIAN-Tipps dieses Reiseführers. Wird ein Begriff mehrfach aufgeführt, verweist die **fett** gedruckte Zahl auf die Hauptnennung im Band.

A

Alaska Highway 51, 71, 83
Alberta 9, 30, 80, 81
Alberta Railway Museum (Edmonton) 42
Alberta Wildlife Park 43
Angeln 23
Ankunft 98
Anreise 98
Apartments 13
Athabasca Falls 45, **46**, 85
Auf einen Blick 98
Ausflüge 78
Auskunft 100

B

Baden 23
Badlands 32
Banff 9, **31**
Banff National Park 31, 51, 86
Banff Park Museum 32
Bären 102
Barkerville 82, 84
Beacon Hill Park (Victoria) 68
Bear Cove 89
Bed & Breakfast 13
Bed & Breakfast by Locarno Beach (H, Vancouver) 61
Best Western Village Park Inn (H, Calgary) 35
Bevölkerung 100
Bow Falls (Banff) 32
Bow Lake 49
Bow Pass 49, 86
Bow Valley Parkway 47
British Columbia 50, 80
Buchtipps 100
Buffalo Nations (Banff) 32
Butchart Gardens 66, **69**

C

Calaway Park 39
Calgary **35**, 80, 81
Calgary Science Centre (Calgary) 36
Calgary Tower 36
Calgary Zoo 36
Campgrounds (MERIAN-Tipp, Calgary) 13
Camping 100
Canada Olympic Park (MERIAN-Tipp) 27
Canada Place (Vancouver) 62
Cape Scott Provincial Park 88
Capilano Suspension Bridge (Vancouver) 62
Cariboo Highway 84
Cariboos 82
Central British Columbia 82
Chilkoot Trail 71
Chinatown (Vancouver) 62
Clearwater 54
Columbia Icefield **46**, 86
Craigdarroch Castle (Victoria) 68
Craigmyle Bed & Breakfast Inn (H, Victoria) 67
Crowsnest Pass 81
Cypress Hills Provincial Park 31

D

Dawson City 71
Dawson City Historical Museum 73
Delkatla Wildlife Sanctuary (Queen Charlotte Islands) 59
Delta Lodge at Kananaskis (H, Kananaskis Country) 40
Dempster Highway 71, **73**
Devonian Botanic Gardens 43
Devonian Gardens (Calgary) 36
Dinosaur Provincial Park 9, 31
Dinosaur Trail (MERIAN-TopTen) 38, **40**
Diplomatische Vertretungen 100
Drumheller 39
Durlacher Hof Pension Inn (H, Whistler) 66

E

Edmonton 41
Edmonton Space & Science Centre 41
Einkaufen 18
Eishockey 23
Elk Island National Park 43
Emerald Lake (MERIAN-TopTen) **52**, 86
Emerald Lake Lodge (H, MERIAN-Tipp) 15
Essdolmetscher 96

F

Fairmont Banff Springs (H, Banff) 32
Fairmont Chateau Whistler (H) 65
Fairmont Empress (H, Victoria, MERIAN-TopTen) 67
Fairmont Hotel Macdonald (Edmonton) 41
Fairmont Jasper Park Lodge (H, Jasper) 45
Fairmont Palliser (H, Calgary) 35
Fairmont Waterfront (H, Vancouver) 61
Familientipps 26
Farmstays 13
Feiertage 101
Feste 21
Festivals 21
Five o'clock tea im Fairmont Empress Hotel (MERIAN-Top Ten, Victoria) 67
Fort Calgary 37
Fort Edmonton Park (Edmonton) 41, **42**
Fort McLeod **40**, 81
Fort St. James 82
Frank 81
Free Claim #6 72
Freizeit 22

Orts- und Sachregister 125

G

Gastown (Vancouver) 19, **62**
Geld 101
Geschichte 92
Getränke 17
Glenbow Museum (Calgary) **37**, 81
Golden 51
Golden and District Museum (Golden) 52
Golf 23
Graham Island 57, 58
Grouse Mountain (Vancouver) 62
Guest Ranches 13
Gulf Islands 88

H

H.R. MacMillan Planetary (Vancouver) 63
Hazeltons 82
Head-Smashed-In-Buffalo-Jump **40**, 81
Hector Lake 86
Helmcken Falls 54, 82, 84
Heritage Park (Calgary) 38
Hole-in-the-Wall 32, **33**
Homestead Inn (H, Banff) 32
Hoodoos 32, **33**, 81
Hotels 13
Houston 84

I

Icefields Parkway (MERIAN-TopTen) 9, 44, 80, **85**
Imax-Theater (Vancouver) **27**, 62
Indian Burial Ground (Whitehorse) 74
Inside Passage (MERIAN-TopTen) 82, **89**
Internet 101
Inuit-Kunsthandwerk (MERIAN-Tipp) 85

J

Jack London Cabin (Dawson City) 72
Jasper 9, **44**, 80, 85
Jasper National Park 51, 84
Johnston Canyon 32, **34**

K

Kamloops **54**, 84

Kananaskis Country 40
Kanu fahren 24
Kelowna 55
Kelowna Centennial Museum 56
Keremeos 56
Kicking Horse Pass 53
Kispiox Indian Village 83
Kitwancool 83
Kitwanga 83
Kleidung 101
Klondike 71
Klondike-Plateau 71
Kluane National Park 74, **76**
Kootenay National Park 51, 86
Ksan Historic Indian Village 82, 84
Kunsthandwerk 19

L

Lake Louise 31, **47**, 85, 86
Lake Louise Gondola 49
Lake Minnewanka **34**, 86
Lake Moraine 31
Liard Hot Springs 83
Livingstone Ranch 81

M

M.V. Schwatka (Whitehorse) 75
MacBride Museum (Whitehorse) 74
MacMillan Provincial Park 88
Maligne Canyon 46
Maligne Lake (MERIAN-TopTen) 44, **46**, 85
Maritime Museum (Vancouver) 63
Maritime Museum (Victoria) 68
Marmot Basin 9, 44, 85
Medizinische Versorgung 101
Mica Dam 55
Midnight Dome (Dawson City) 72
Miette Hot Springs **47**, 85
Miles Canyon 74, **76**
Monashee Mountains 32
Moraine Lake 49, 86
Moraine Lake Lodge (H, Lake Louise) 48
Moresby Island 58
Moresby Island Guest House (H, Queen Charlotte Islands) 58
Motels 13
Mount Edziza Provincial Park 83
Mount Robson Provincial Park 8, 51
Mountaineer Lodge (H, Lake Louise) 48
Murtle Lake 54
Museum of Anthropology (Vancouver, MERIAN-TopTen) 63
Muttart Conservatory (MERIAN-Tipp, Edmonton) 42

N

Naikoon Provincial Park 58
Natural History Museum (Banff) 32
Nebenkosten 103
New Hazelton 83
Ninstints 58
Notruf 102

O

Okanagan Lake 55
Okanagan Valley 51, **55**, 80
Old Log Church Museum (Whitehorse) 75
Old Strathcona Model & Toy Museum (Edmonton) 42
Osoyoos Lake 56

P

Pacific Rim National Park 51, 88
Pacific Undersea Gardens (Victoria) 68
Parliament Buildings (Victoria) 68
Patricia Lake 47
Patricia Lake Bungalows (H, Jasper) 45
Pazifikküste 50
Peyto Lake 31, **49**, 86
Porto 102
Post 102
Post Hotel and Restaurant (H, Lake Louise) 48
Prince George 82, 84
Prince Rupert 80, 82, 89
Provincial Museum of Alberta (Edmonton) 42

Orts- und Sachregister

Punchbowl-Wasserfälle 85
Pyramid Lake 47

Q
Queen Charlotte Islands (MERIAN-TopTen) **57**, 80
Queen Charlotte Museum (Queen Charlotte Islands) 59
Quesnel 84

R
Radium Hot Springs 51, **53**, 85
Reisedokumente 102
Reiseknigge 102
Reisewetter 103
Renoir's Winter Garden (H, Whistler) 66
Restaurants **15**, 102
Revelstoke 55
Rocky Mountains **30**, 80
Routen 78
Royal British Columbia Museum (Victoria) 68
Royal London Wax Museum (Victoria) 69
Royal Tyrrell Museum of Palaeontology (MERIAN-Tipp) **38**, 39, 81
Rutherford House (Edmonton) 41

S
Saddledome (Calgary) 37
Sarcee People's Museum (Calgary) 38
Sauberkeit 102
Savary Island 25
Schlittenhundefahrt 27
Shopping Malls 19
Shoppingerlebnis Plus 15 (Calgary, MERIAN-Tipp) 19
Shuswap Provincial Park 54
Ski fahren in den Rocky Mountains (MERIAN-TopTen) 24
Snowmobiling 24
South Thompson Guest Ranch (H, Kamloops) 54
Spatsizi Plateau Wilderness Park 83
Spezialitäten 15
Spirit Island 46
Sport 22
Sprache 103
Sprachführer 94
Stanley Park (Vancouver) 25
Strände 25
Strathcona Provincial Park 67, 88
Stromspannung 103
Sulphur Mountain Gondola (Banff) 31
Sunshine Coast 25
Sunshine Meadows 34
Sunshine Mountains 49
Sunwapta Falls 44, **47**, 86
Swiss Village Motel (H, Golden) 51

T
Takakkaw Falls 53
Takhini Hot Springs 76
Telefonieren 104
Terrace 83
Theatre in the sky (Vancouver) 62
Tiere 104
Top of the World Highway 74
Top of the World Provincial Park 51
Touren 78
Tower on the Park Hotel (Edmonton) 41
Trinkgeld 17, **102**
Triple »J« Hotel (H, Dawson City) 72
Tunnel Mountain 34
Tunnel Mountain Resort (H, Banff) 32
Tweedsmuir Provincial Park 82, 84

U
University of British Columbia, Museum of Anthropology (MERIAN-TopTen, Vancouver) 63
Unterkünfte 13
Upper Hot Springs Pool 35

V
Valley of the Five Lakes 44
Valley of the Ten Peaks 49
Valley of the Thousand Falls 8
Vancouver 8, 51, **60**, 80
Vancouver Aquarium 62
Vancouver Art Gallery 63
Vancouver Island 88
Vancouver Museum 64
Verkehrsregeln 99
Verkehrsverbindungen 104
Vermilion Lakes 35
Victoria **66**, 80

W
Wandern 25
Waterton Lakes National Park 31, **40**
Wechselkurse 103
Wells Gray Provincial Park 54, 82, 84
West Coast Trail (MERIAN-Tipp) **23**, 67
West Edmonton Mall (MERIAN-TopTen) 19, 27, 41, **44**
Westmark Klondike Inn (H, Whitehorse) 74
Whale Watching 27
Whistler 65
Whistler Golf Course (MERIAN-Tipp, Whistler) 65
Whitehorse 74
Whitetooth Ski Area 51
Williams Lake 82
Wood Buffalo National Park 44
Writing-on-Stone Provincial Park 31

Y
Yellowhead Highway 83
Yoho National Park (MERIAN-Tipp) 51, 52, **53**, 86
Yukon Queen (Dawson City) 72
Yukon Territory 70

Z
Zeitungen 106
Zeitverschiebung 106
Zoll 106

DEUTSCHLANDS BESTER BEIFAHRER.

Ihr Navigationsgerät kennt links, rechts, geradeaus. Mit MERIAN *scout* kennt es jetzt auch die schönsten Golfplätze, Wanderrouten oder Shopping-adressen. Außerdem führt Sie MERIAN *scout* zu klassischen Reisezielen wie Hotels, Restaurants und Kulturdenkmälern und findet im Winter die schönsten Skigebiete für Sie. Mehr Informationen und den MERIAN-Shop mit allen Produkten finden Sie unter WWW.MERIAN.DE oder über die HOTLINE 01 80/5 32 53 35.

MERIAN
scout
Die Lust am Reisen

Impressum

Liebe Leserinnen und Leser,
wir freuen uns, Ihre Meinung zu diesem Reiseführer zu erfahren. Bitte schreiben Sie uns, wenn Sie Berichtigungen und Ergänzungsvorschläge haben oder wenn Ihnen etwas besonders gut gefällt:

TRAVEL HOUSE MEDIA GmbH, Postfach 86 03 66, 81630 München
E-Mail: merian-live@travel-house-media.de Internet: www.merian.de

DER AUTOR
Diesen Reiseführer schrieb **Manfred Dederichs**. Nach einigen Jahren in Westafrika lebt er nun wieder als freier Autor in Deutschland und hat mehrere Reiseführer über Kanada, Kalifornien und Neuseeland verfasst. Er berichtet freiberuflich für verschiedene Magazine wie den *Spiegel*.

Alle Angaben in diesem Reiseführer sind gewissenhaft geprüft. Preise, Öffnungszeiten usw. können sich aber schnell ändern. Für eventuelle Fehler übernimmt der Verlag keine Haftung.

Bei Interesse an Karten aus MERIAN-Reiseführern schreiben Sie bitte an:
iPUBLISH GmbH, geomatics
Berg-am-Laim-Straße 47
81673 München
E-Mail: geomatics@ipublish.de

FOTOS
Titelbild: Lake Louise (Mauritius)
G. Amberg 64; B. Bondzio 14;
M. Dederichs 9, 18, 20, 22, 25, 28/29, 41, 43, 47, 50, 58, 70, 72, 78/79, 80, 81, 82, 83, 84, 86, 90/91;
G. Lahr 36, 88; A. Mosler 4/5, 10/11, 39; R. Piontkowski 30, 33, 34, 46, 63; K.-H. Raach 7, 8, 12, 17, 26, 40, 45, 48, 52, 54, 55, 56, 57, 59, 60, 66, 68, 73, 74, 75, 76, 106

© **2005 TRAVEL HOUSE MEDIA GmbH, München**
MERIAN ist eine eingetragene Marke der GANSKE VERLAGSGRUPPE.

Alle Rechte vorbehalten. Nachdruck, auch auszugsweise, sowie die Verbreitung durch Film, Funk, Fernsehen und Internet, durch fotomechanische Wiedergabe, Tonträger und Datenverarbeitungssysteme jeglicher Art nur mit schriftlicher Genehmigung des Verlages.

PROGRAMMLEITUNG
Susanne Böttcher
REDAKTION
Rosemarie Elsner
GESTALTUNG
wieschendorf.design, Berlin
KARTEN
MERIAN-Kartographie
PRODUKTION
Gloria Pall
SATZ
Sabine Dohme, München
DRUCK
Appl, Wemding
BINDUNG
Auer, Donauwörth
GEDRUCKT AUF
Nopacoat Edition von der Papier Union

1. Auflage
ISBN 3-8342-0066-2

Ein Unternehmen der
GANSKE VERLAGSGRUPPE